新发展理念下的我国增值税改革：效果、机理和前景

彭 飞 著

中国财经出版传媒集团

图书在版编目（CIP）数据

新发展理念下的我国增值税改革：效果、机理和前景/彭飞著．—北京：经济科学出版社，2019.6
ISBN 978-7-5218-0522-2

Ⅰ.①新…　Ⅱ.①彭…　Ⅲ.①增值税-税收改革-研究-中国　Ⅳ.①F812.424

中国版本图书馆 CIP 数据核字（2019）第 084552 号

责任编辑：赵泽蓬
责任校对：靳玉环
责任印制：邱　天

新发展理念下的我国增值税改革：效果、机理和前景
彭　飞　著
经济科学出版社出版、发行　新华书店经销
社址：北京市海淀区阜成路甲 28 号　邮编：100142
总编部电话：010-88191217　发行部电话：010-88191522
网址：www.esp.com.cn
电子邮件：esp@esp.com.cn
天猫网店：经济科学出版社旗舰店
网址：http://jjkxcbs.tmall.com
北京时捷印刷有限公司印装
710×1000　16 开　12.25 印张　230000 字
2019 年 7 月第 1 版　2019 年 7 月第 1 次印刷
ISBN 978-7-5218-0522-2　定价：49.00 元
（图书出现印装问题，本社负责调换。电话：010-88191510）

致　　谢

感谢国家社科基金重大项目（批准号：18ZDA064）“新时代背景下我国经济发展质量动态评价及其政策协同研究”的资助。本人还感谢上海财经大学公共经济与管理学院范子英教授对本书创作过程提供的帮助。

前　　言

本书的研究是以2012～2014年的增值税税率（17%）为对象，以“营改增”试点进程为切入点，利用政策实验方法系统评估“营改增”的实施效果，以回答增值税减税如何激活企业活力、推动产业分工及促进城市发展。虽然是以试点进程中的增值税税率为研究对象，但是能够揭示增值税改革的保守效果，不会造成结论的高估问题，这对于今后的增值税税制优化转向降低税率提供了实证基础。

目　　录

第 1 章

导 论

1.1 选题依据与思路

在“十二五”“十三五”规划和年度政府工作报告中，深化财税体制改革均被列入重点改革范围，被视为优化产业结构、促进经济增长的助推器。作为深化财税改革的“重头戏”，营业税改征增值税（简称“营改增”）具有谋一域促全局的功效，也是推进供给侧结构性改革的重要举措。因此，“营改增”能否实现减税、促进产业分工、拉动经济增长、推动企业发展等方面的目标，受到了社会的广泛关注。统计数据显示，自2012 年 1 月 1 日“营改增”试点启动到 2015 年底，“营改增”已累计减税 6000 多亿元，2012 年和 2013 年分别推动试点纳税人固定资产投资增长 94% 和 55. 7%，对试点纳税人销售收入增长的贡献率分别达 26. 3% 和 24. 1%，对试点纳税人利润额增长贡献率分别达 24. 3% 和 13. 5%；2013 年全国第三产业增加值占国内生产总值（GDP）比重 46. 1%，同比提高 1. 5 个百分点；2015 年，消费拉动经济增长作用明显，消费对经济增长的贡献率达 66. 4%。然而，由于产业本身的复杂性和产业间投入产出关系的多样性，如此巨大的税制转变虽然在加总层面上产生了效应，但也不可避免地给不同企业带来异质性影响，甚至是完全相反的激励效应，从而可能在一定程度上有损“营改增”的改革效果。

就税制设计和政策定位而言，“营改增”改革的最终目的是通过优化税制，消除重复征税，深化社会分工，实现产业转型和升级。如果“营改增”能够顺利实现分工细化、结构优化，那么就能够为城市的发展提供产业和就业的支撑，进而助推城市化进程。但是，在这次改革中，服务业税制的变化并没有同步调整中央与地方的增值税税收分成比例，这就可能影响到地方政府的税源基础，进而对城市的发展产生不利的影响。而从政策的顶层设计来看，“十三五”规划对新型城镇化建设提出了明确要求，因此，本书不仅关心“营改增”对产业分工的影响，而且关心对城市发展的影响。

从已有理论研究来看，增值税改革的国际实践与研究非常丰富。其一，关注增值税改革对地方财政收入、投资以及经济增长等宏观经济的影响（Blagrave，2005；Smart and Bird，2009a；Ferede and Dahlby，2012；Ufier，2014；Adhikari，2015）。其二，考察增值税改革对不同国家和地区居民消费价格、福利分配效应的影响（Murrell and Yu，2000；Go et al.，2005；Smart and Bird，2009b；Boeters et al.，2010；Bye et al.，2012；García – Enríquez and Echevarría，2016）。其三，关注增值税改革对企业行为及绩效的影响。查德和隆（Chandre and Long，2013）、尹（Yin，2015）分别基于中国企业出口和税负的研究，萨丽亚（Salia，2016）基于加纳企业现金流的研究。其四，也有学者对增值税改革的征管效率和改革方向进行了研究（Keen and Mintz，2004；Keen and Lockwood，2010；Liu and Lockwood，2015）。

国内学者对“营改增”改革给予了较多的关注，效果评估逐渐从宏观经济转向微观企业。宏观方面，已有文献主要考察了“营改增”对地方财政收入和宏观经济的影响（刘明和王友梅，2013；田志伟和胡怡建，2014；孙正和李学军，2015），微观层面，主要关注“营改增”对企业投资行为、投资效率及其作用机制的影响（袁从帅等，2015；李成和张玉霞，2015），以及评估对企业专业化分工和企业间贸易的影响（陈钊和王旸，2016；梁若冰和叶一帆，2016；范子英和彭飞，2017）。

关于税制改革与城市发展关系的研究，国外文献主要探讨了所得税改革（Gurko，1971；McFarlane，1999）、土地税改革（Banzhaf and Lavery，2010）、房产税改革（Andrew and Laurence，1997；Štuc and Mazuūre，2012）、财产税改革（Li，2014；Ermini and Santolini，2016）对城市扩张或城市发展的影响。国内对此进行深入研究的文献非常稀少，仅有孙红梅和郭梦荫（2015）基于宏观视角检验了不同税种的改革与城市发展之间的空间相关性。

既有的研究和碎片化的统计数据丰富了我们对税制改革效应的认识，但却不足以系统、清晰地解释改革的实际效果。更为重要的是，当前实施的增值税税制设计是否合理，对我国宏观经济、企业绩效、城市发展产生怎样的影响，这都需要审慎的检验。虽然我国服务业已经完成了“营改增”改革，但是包括税率的设定、政策边界的划分、政策实施流程以及税收分成方案的制定等方面的税制设计尚处于摸索阶段，还需要进一步的改革深化，以便更好地发挥增值税制度的中性优势，这对推动增值税立法具有直接意义。

不仅如此，“营改增”改革自实施以来，就被赋予了过多的宏观调控功能，试图通过“营改增”改革完成一系列的发展目标，例如，产业结构升级、扩大就业、改善收入分配等，使得“营改增”改革变得越来越复杂，这就可能对增值税的税收中性原则造成不利影响。具体表现在以下几个方面：其一，分步式的改革策略，破坏了增值税链条的完整性，进而弱化了改革效率（范子英和彭飞，2017）。其二，增值税档设置过多，这在世界其他国家并不常见，这不仅增加了税收征管的难度，而且容易滋生逃税漏税行为，降低改革效率（陈晓光，2013）。其三，一般纳税人和小规模纳税人的认定标准较为复杂，且小规模纳税人的比重过高，不利于增值税链条机制的正常运转（庞凤喜和凌瑜明，2015）。其四，税收优惠和政府补贴更为复杂，针对特定行业、地区甚至特定从业人员的税收优惠，以及不同地区实施的不同标准的政府补贴，以图解决经济运行中的各种问题，这既有地方保护主义的嫌疑，容易破坏公平竞争的市场环境，又对增值税功能的定位不清晰。就商品税收基本理论与原则而言，商品税的设计应满足中性、效率、确定性、简便和公平性原则，过于复杂的商品税设计就可能扭曲市场主体经济行为，增加税收遵从成本和征管成本，产生效率损失，并在纳税人之间造成严重的不公平。

基于以上认识，本书试图从不同纬度的经验数据来研究“营改增”对产业分工及城市发展的影响，并详细揭示其作用的微观机理。具体来说，本书将从实证的角度回答以下问题：“营改增”能否推动服务业发展？例如，减税、专业化分工、投资、跨地区分工与协作、出口、生产率等；虽然制造业没有进行“营改增”，但是与服务业存在产业间的关联，能否通过产业链传递给制造业，进而促进制造业的发展？又因为产业结构升级是城市发展的重要载体，“营改增”能否进一步增进了城市的发展？这是本书在实证上所要回答的三个核心问题。具体而言，利用“营改增”在不同地区、不同行业的分步式改革的自然实验机会，基于中国投入产出表测算出服务业和上游行业间的产业互联程度，并进一步区分前向关联度和后向关联度，分别探析税制改革对制造业和服务业的不同影响，然后基于美国国家海洋和大气管理局（NOAA）公布的夜间卫星灯光数据，评估税制改革对城市发展的影响。

1.2 核心概念

在“营改增”之前，营业税和增值税是我国流转税的两大税种，前者以提供产业和服务的营业额为应税基础，按照规定的营业税税率进行纳税，后者是以提供产品和服务的增值部分为应税基础，按照规定的增值税税率进行缴纳。此外，营业税由地税局征管，属于地方税，增值税由国税局征管，75%税收收入划归中央，25%为地方收入。分税制改革以来，确立了在制造业实施增值税、在服务业实施营业税的税制，然而这一两税分设的特点不可避免地导致了服务业的重复征税问题。

为了解决这一问题，2011 年 11 月 16 日，财政部联合国家税务总局下发了《营业税改征增值税试点方案》通知，自 2012 年 1 月 1 日起，在上海市的交通运输业和部分现代服务业进行“营改增”试点。本书正是以

“营改增”试点作为税制改革的政策冲击。

分工是本书研究的核心变量。已有关于分工理论的研究多集中在国际贸易、产业经济学领域，而应用于税制改革领域的研究非常稀少。这里主要基于产业间的投入产出关系衡量产业分工程度，其中，在研究“营改增”对服务业企业绩效的影响时，产业互联的度量是基于 2012 年中国投入产出表 139 部门直接消耗系数矩阵，以及对应行业的增值税税率，计算行业层面的加权增值税税率。在研究“营改增”对制造业企业绩效的影响时，本书借鉴贾沃里克（Javorcik，2004）考察外商直接投资（FDI）对国内生产率影响的产业关联思想，基于 2012 年中国投入产出表 139 部门基本流量表测度制造业的后向关联和前向关联，前者是指制造业（上游供应商）的下游产业链中供给于“营改增”服务业的投入占全部行业投入的比重，其表征的是“营改增”服务业对制造业的产品需求强度，该指数越高，意味着制造业和“营改增”服务业之间的后向关联越强；后者是指制造业的上游行业中来自“营改增”行业的中间投入占全部中间投入的比重，反映的是制造业（下游需求商）对“营改增”服务业提供的产品和服务的需求强度，该指数越高，意味着“营改增”服务业对下游制造业的进项影响越大。

这里还需要对分工的含义进行限定。宏观层面，分工是指产业分工深化，而产业分工具体表现为制造业和服务业的产业关联程度，产业间的关联程度越高，分工越细化，专业化生产越明显，产业发展效应越显著。微观层面，分工反映为企业专业化分工细化，具体来说，就是企业通过外购中间品组织生产，将一部分辅助业务分离出去，集中精力发展主营业务。不论是宏观意义还是微观意义，本书对分工的界定都离不开产业关联的定义。而产业关联含义的核心，又取决于两个基本条件：该行业的所有细分行业的中间投入比例以及对应行业的增值税税率。中间投入越多，产业关联越高，分工越细化；反之，中间投入越少，产业关联越低，越可能表现为较高的一体化程度。换句话说，分工是本书研究展开的核心。在分工的作用下，本书基于多维度的微观数据研究了“营改增”对服务业和制造业的产业发展效应，进而构成研究城市发展效应的重要基础。

关于城市发展的度量。与城市发展含义相近的概念有城市化、城镇化、城市扩张、城市蔓延等，然而学术界对这些概念之间的区别与联系的界定还比较模糊，但都认可城市发展是一个系统性、复杂的概念，涉及城市经济、社会、文化、科技、生活等各方面的发展，如果仅以其中的某一方面来代表城市发展就可能缺乏说服力。为了降低衡量偏误，基于主成分分析法合成城市发展指数成为主流选择，然而影响因子的选择具有较强的主观性和随意性，增加或减少一因子对结果影响较大，因此基于合成指数方法的准确性受到质疑。在遥感学领域，近期的文献开始采用由 NOAA 公布的夜间卫星灯光数据进行度量（Baum – Snow et al.，2013；Li et al.，2016），这为城市发展方面的研究提供了新的视角。卫星灯光数据相较于传统城市发展度量方法具有两方面的显著优势：一是卫星灯光数据不会受地区间价格因素的影响；二是不会受到地方政府的人为干预的影响，因此综合来看卫星灯光数据是一个相对外生的指标，满足对城市发展政策评估的基本要求。考虑到校准前的卫星灯光亮度存在较大的不稳定性，通过控制时间固定效应并不能完全消除，因此首先需要对原始的卫星灯光数据进行校准处理，然后采用灯光亮度阈值设定的办法提取城市区域轮廓的变化，以此度量我国不同地级市的城市发展。

1.3 方法和数据

1.3.1 研究方法

本书主要利用“营改增”改革在不同地区、不同行业逐步试点的政策实验机会，研究“营改增”改革对服务业企业绩效、制造业企业绩效以及对城市发展的影响。为了增强因果推断的准确性，研究过程中主要采用政策评估的常用方法——倍差法（difference-in-difference，DID）或三重差分方法（difference-in-difference-in-difference，DDD）进行评估。该方法广泛应用于各类公共政策评估分析中，其基本思想是政策调整对一部分对象产生影响，另一部分对象不受政策变动的影响，即分别为处理组和对照组，政策变动前后的处理组和对照组的差异即为该政策所造成的净影响。值得注意的是，采用倍差法评估政策效应必须保证政策变动的外生性，不能与回归方程的误差项相关。从“营改增”改革的制度设计和实施来看，对企业而言确实是外生事件，因为企业并不能决定“营改增”试点的时间、地区或行业选择，因此评估“营改增”对企业绩效的影响时，基本满足倍差法的外生性假设要求，当然，为了进一步佐证结论的可靠性，还需辅以严格的研究设计及稳健性检验。具体的研究方法如下：

（1）利用三重差分方法评估“营改增”对企业绩效的影响。由于试点时间的不一致，定义处理组为试点企业在实施“营改增”后取值为1，其他年份取值为0，选取在样本时期内一直实施营业税的行业为对照组，然后以企业的产业互联度或前后向产业关联作为改革效应的权重，以此为基准模型，研究“营改增”对服务业和制造业企业不同维度的影响。

（2）利用倍差法研究“营改增”对城市发展的作用。由于改革在不同地区的试点时间不同，因此，定义试点地区在实施“营改增”后取值为1，其他年份为0，非试点地区为对照组，取值为0，研究改革对城市发展的影响效应。考虑到试点地区选择可能面临非随机性问题，本书通过控制样本城市的禀赋差异以及双重差分—倾向得分匹配方法（PSM - DID）进行稳健性检验，该方法适用于研究处理组和对照组来自不同区域，控制不可观测但不随时间变化的组间差异，以降低可能存在的内生性问题导致的有偏估计。

1.3.2 研究数据

本书研究“营改增”对服务业企业减税、分工、出口及生产率影响时，使用的是2009～2014年中国服务业及建筑业上市企业数据。其中，关键变量——企业税负及专业化分工所需数据，如教育费附加及其税率、主营业务收入等指标均来自历年企业年报的手工整理；企业出口收入数据来源于 Wind 数据库中的主营业务收入构成下的海外业务收入以及历年企业年报中列示的企业国（境）内外收入细分构成，出口利润数据来源于 CSMAR 数据库中的财务报表附注栏目；企业生产率相关测算指标及控制变量均来自 Wind 数据库；相关投资数据来自同花顺数据库。度量产业分工水平的产业互联度的测算基于 2012 年中国投入产出表 139 行业的直接消耗系数表。

考察"营改增"对制造业企业绩效的贡献时，采用的数据来自国家统计局统计的 2009 ~ 2013 年国有及规模以上工业企业数据，该数据包括了全部国有企业及规模以上非国有工业企业的财务信息，也是当前研究中国微观企业行为的主流数据库，具有样本量大、真实性强的特点。此外，前向、后向产业关联指数的测算是本研究的关键指标，主要基于 2012 年中国投入产出表 139 行业的基本流量表信息进行测算。

评估"营改增"对城市发展的作用时，主要基于 NOAA 公布的全球夜晚灯光数据，该数据是由美国防卫性气象卫星计划（Defense Meteorological Satellite Program，DMSP）携带的 OLS（Operational Linescan System）传感器采集数据（简称 DMSP/OLS 数据）；传统经济指标测算的城市发展指数所用的数据来自《中国区域经济统计年鉴》《中国城市统计年鉴》。

1.4 本书的结构和内容

从本书题目可以看出，本书要研究"营改增"改革对城市发展的影响。要研究这一问题，其前提是需要厘清"营改增"的产业发展效果，因为产业发展是城市发展的前提和重要表现。而研究"营改增"的产业发展效应，本书基于分工的视角进行了讨论。因此，分工为研究税制改革对产业发展、城市发展的影响提供了关键机制。

本书题目与内容的契合思路是，按照从微观到宏观、层层递进的链接机制，系统地讨论“营改增”对服务业、制造业及城市发展的影响。具体而言，首先，服务业税种的转换，不可避免地会影响到服务业企业的税负。如此巨大的税制变革，其最终目标并不仅仅为了减税，还有促进产业分工，实现产业升级。因此，本书不仅关注“营改增”的减税效应，同时还关注“营改增”的分工效应。这是本书第3章的研究内容。

其次，“营改增”改革出台了相关的出口税收优惠政策，对于推动我国出口结构由货物贸易向服务贸易转型具有重要意义。然而，减税能否为出口提供税制动力，对此，本书以“营改增”的减税效应为机制，进一步讨论“营改增”对企业出口行为的影响。另外，效率改进是税制改革的基本目标，“营改增”能否提升企业的生产效率，也是我们关注的焦点。分工理论指出，分工对于推动生产率进步具有重要促进意义。因此，本书以“营改增”的分工效应为基础，考察“营改增”对企业生产率的影响。这是本书第4章的研究内容。

再次，虽然制造业没有进行“营改增”改革，但是由于制造业能够为服务业提供机器、厂房、设备等固定资产，同时其本身实施的就是增值税，这一产业链上的关联关系就可能通过增值税的抵扣链条传递到制造业。因此，服务业的税制改革不仅会影响其自身，也会因为增值税在产业链上的关联关系，对制造业会产生重要影响。因此，“营改增”对制造业会产生怎样的影响，这是本书第5章研究的重点内容。

最后，由于产业发展是城市发展的前提和重要表现，“营改增”如果能够有效促进产业分工发展，能否进一步促进城市的发展？这是我们关心的最后一个问题。

需要指出的是，本书第3章、第4章、第5章考察的均是“营改增”的微观效应，其显著效果体现的重要前提都是产业分工的作用。因此，分工是本书研究逻辑演进的关键。图1.1清晰地展示了本书研究内容与各章节主题间的紧密关系。结构安排如下：

税制改革的度量："营改增"
行业
地区
年份
分工
服务业企业绩效
产业互联
减税效应
分工效应
出口效应
生产率效应
制造业企业绩效
后向关联
前向关联
平均效应
所有制效应
对外贸易效应
城市发展
基于卫星灯光数据的城市发展指标的重构
DMSP/OLS数据的提取
在地级市层面加总
卫星灯光数据与城市发展指数的可比性
基本结果与稳健性检验
水平效应
增长效应
动态效应
城市发展指数（统计）
作用机制
产业结构升级
就业结构演进
投资优化
经济增长
政策研究

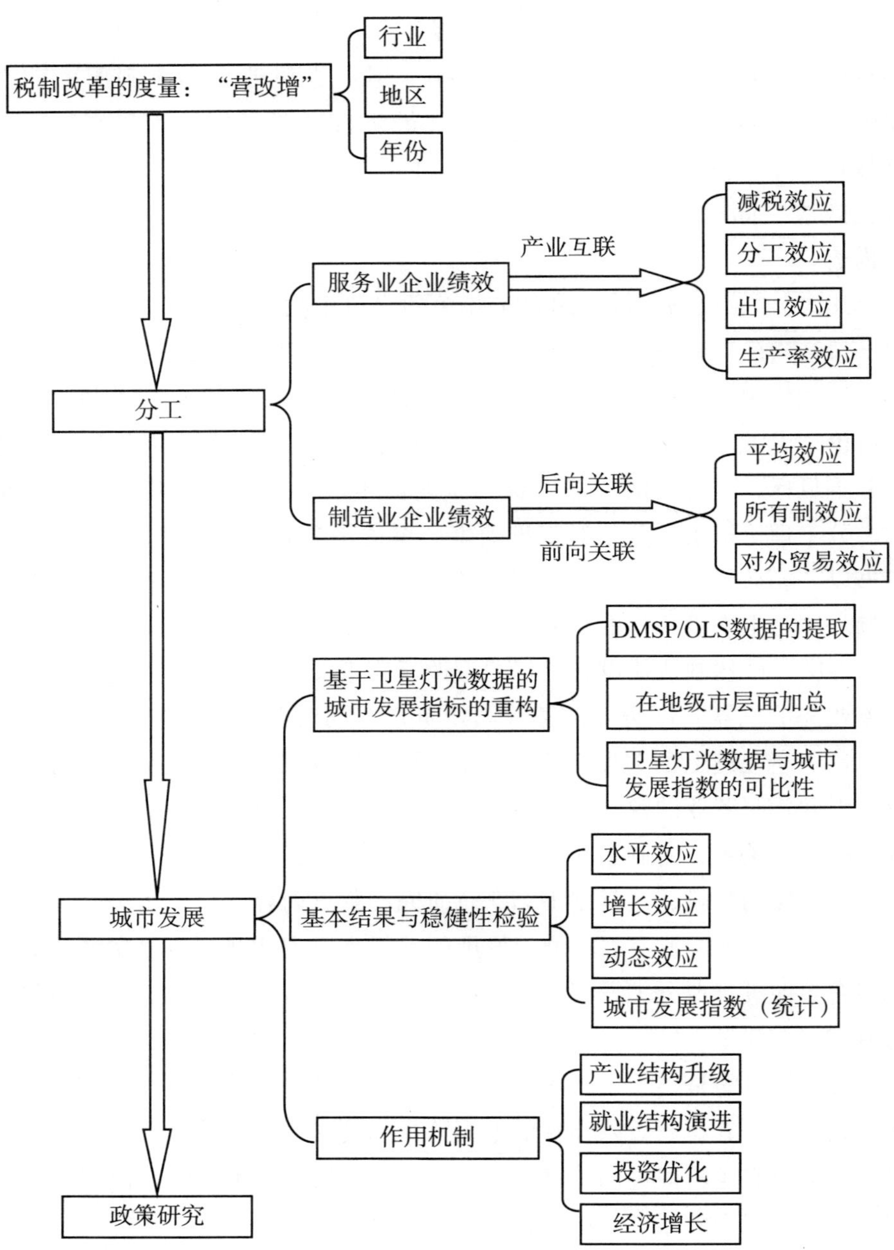

图 1.1　本书研究框架

第 1 章，导论。经国务院批准，自 2012 年 1 月 1 日起，在上海市交通运输业和部分现代服务业率先实施了“营改增”试点，随后在其他行业、全国范围内逐步推广。在此背景下，“营改增”能否有效降低企业税负、推进产业内与产业间分工？能否促进城市化发展？这些问题不仅被政府关注，也是学术界争论的焦点，虽然在理论和案例研究中已有较多的涉猎，但仍缺乏严谨细致的经验证据。

第 2 章，国内外增值税改革的实践与研究综述。关于税制改革的经济效应一直是国内外学者关注的热点问题，对此，本书首先对国际增值税改革的实践与评估进展进行梳理，然后回顾我国增值税转型的实践与研究，再对与本书密切相关的“营改增”改革的宏观、微观效应进行讨论，最后以税制改革与城市发展关系的研究为对象，总结分析已有研究的主要贡献及不足，为本书的增进研究提供启示。

第 3 章至第 6 章是本书的实证分析部分。第 3 章以“营改增”在不同地区、不同行业逐步展开试点为自然实验，基于行业间的产业互联差异，利用三重差分方法检验了“营改增”对企业的减税效应和分工效应。预期产业互联程度是影响企业减税和分工程度的关键要素。

第 4 章，同样运用“营改增”在服务业的改革实践，基于产业互联的视角，以“营改增”关于出口税收优惠政策为制度背景，构建“营改增→减税→出口”的分析框架，揭示“营改增”影响企业出口行为的作用渠道。理论而言，如果企业集中精力发展自身擅长的主营业务，剥离出相对次要的辅助业务，这就体现了专业化分工的思想，因此，再以“营改增→分工→生产率”的分析框架，检验“营改增”对企业生产率的影响及其作用机制。

第 5 章，考察的是服务业税制改革对制造业企业绩效的影响。在本书的理论机制中，服务业“营改增”通过产业链关联传递给制造业，因此预期产业关联程度是影响“营改增”促进制造业企业发展的重要因素。在本章中，基于 2009 ~ 2013 年中国制造业企业数据库，采用三重差分方法进行检验。

第 6 章，研究的是“营改增”对城市发展的影响。产业结构升级是城市发展的前提和重要表现，如果“营改增”能够降低产业间分工的税制成本，促进产业发展，特别是第三产业的转型升级，并且带动城市驱动要素发展，进而加快城市化进程，本书非常有兴趣对此进行检验；如果能够证实“营改增”能够优化城市的产业结构、就业结构等核心要素，那么就能够为税制改革推动城市发展提供有力佐证，这是另一待检验的主题；此外，城市发展是一个系统性的概念，如何准确衡量城市的发展程度也是本章重点讨论的内容。

第7章是总结论与政策建议。本章首先总结研究的主要结论，然后根据研究结论发现的现实问题，提出相应的政策建议，最后指出研究的主要缺陷及未来研究的重要方向。

1.5 创新之处

本书在以往有关税制改革的理论与经验研究基础上，基于产业分工发展的视角，利用倍差法详细研究了“营改增”对服务业本身以及关联的制造业企业绩效的影响，并进一步考察了对城市发展的影响。具体而言，本书的创新主要体现在以下四个方面：

（1）宏观效应、作用机制与微观基础相结合的分析框架。现有的国内外文献主要侧重于探究增值税改革对宏观经济或微观绩效某一方面的影响，并没有对产生这些效应的原因给予清晰的、系统的解释。同时，研究中国城市发展的文献普遍从驱动要素及影响后果角度进行分析，忽视了“营改增”的作用。对此，本书按照从微观到宏观、层层递进的链条机制，首次系统定量研究了“营改增”对不同产业乃至城市发展的影响，这是本书在选题上的创新。

（2）以产业关联为视角，为评估“营改增”的经济效应提供了全新的研究思路。与既有文献不同的是，本书首先从产业互联的角度来考虑服务业的减税和分工效应，以此为机制，进一步评估了对服务业企业出口行为和生产率的影响。其次，基于贾沃里克（2004）提出的产业关联思想，根据制造业与服务业之间的供求关系，构建细分行业间的后向关联和前向关联，进而回答“营改增”对关联的制造业企业绩效的影响。

（3）倍差法评估产业与城市发展，规避内生性困扰。已有文献更多的是从理论推理或案例研究角度分析“营改增”的宏观经济效应，这就难以克服研究中的内生性问题。在近期的文献中，为数不多的研究开始采用倍差法探讨“营改增”对企业税负、投资、生产效率及分工的影响（Yin，2015；袁从帅等，2015；李成和张玉霞，2015；陈钊和王旸，2016）。本书基于“营改增”在不同地区、不同行业逐步展开的自然实验，利用倍差法的评估思想有助于准确评估“营改增”不同层面的改革效应，进而有助于拓展这一领域的研究，为“营改增”的深入推进提供经验支持。

（4）大型数据的整理与开发，能够为相关税收政策的制定提供细致的微观基础。一方面，以工业企业数据为研究对象的已有文献，主要基于2008年之前的数据进行探索，而关于2008年之后的中国新常态的企业生产经营行为鲜有涉及。本书基于2009～2013年的数据合并与处理，有助于直观“营改增”对制造业企业影响的微观效果。另一方面，卫星灯光数据的整理与校准处理，有利于弥补传统城市发展的度量偏颇问题，为经济学文献研究城市发展提供了新的研究视角。一方面有助于丰富中国税制改革与城市发展之间关系的经验研究；另一方面有助于拓展城市经济学、发展经济学、公共经济学等交叉学科的研究。

第 2 章

国内外增值税改革的实践与研究综述

2.1 增值税改革的国际实践与研究进展

从世界范围来看，由于绝大多数国家采用的是增值税，仅有中国和加拿大实行营业税和增值税共存的税制，而且与其他国家一次性地将营业税转为增值税的模式不同，我国实行的是将增值税范围逐步扩大至营业税行业。但是由于这一特色税制调整发生时间较晚，因此严谨的经验研究与理论分析在国际鲜有涉及。与“营改增”相近的改革过程类似于加拿大1997～2010年进行的零售税（retail sales taxes）改征增值税（value added tax，VAT）改革。

加拿大的这一改革是由联邦和省政府分别在1997年和2010年联合开展的增值税改革，第一轮改革在新不伦瑞克省（New Brunswick）、纽芬兰－拉布拉多（Newfoundland and Labrador）、新斯科舍省（Nova Scotia）首先展开，协调销售税（Harmonized Sales Tax，HST）税率统一为8%，综合增值税税率为15%①。2006年，商品和货物服务税税率由此前的7%下降至

① 联合税率由协调销售税率和商品和货物服务税（goods and services tax，GST）税率构成，前者税率为8%，后者税率为7%。其中商品和货物服务税属于联邦增值税（the Federal VAT）。

6%，2008 年又下降至 5%。联邦税率的下降被认为是地方税制改革的催化剂，由此推进了第二轮的增值税改革。2010 年，最大的两个省安大略省（Ontario）和卑诗省（British Columbia）加入协调销售税改革，前者协调销售税税率为 8%，后者税率为 7%；2013 年，爱德华王子岛省（Prince Edward Island）也加入这一改革，协调销售税税率为 9%。此外，新斯科舍省（Nova Scotia）为了提高地方财政自主权，2010 年协调销售税税率提高至 10%，随后又于 2014 年 6 月降至 9%。为了激励更多的省份进行协调销售税改革，联邦政府通过转移支付的方式按照一定比例返还给财政收入减少的改革地区。

关于增值税改革的讨论是评估税制改革效应的重要主体，对此进行的理论与经验分析也较为细化，宏观层面主要包括经济增长、财政收入、福利分配等方面，微观层面主要体现在对企业生产经营行为及绩效方面，还有些学者对增值税的征管效率、改革启示进行了探索。

第一个维度主要体现在，增值税改革对地方财政收入、投资、出口以及经济增长等宏观经济的影响。布拉格里乌（Blagrave，2005）基于 1997～2003 年加拿大大西洋沿岸省份实施协调销售税改革，考察了这一改革对地方财政收入的影响，发现改革地区的地方财政自主权未能显著提升，反而降低了地方财政收入。斯马特和伯德（Smart and Bird，2009a）、费莱德和戴柏（Ferede and Dahlby，2012）基于加拿大省级数据，利用 DID 方法检验发现协调销售税改征增值税有利于推动地方投资，促进经济增长。乌费尔（Ufier，2014）基于生存分析法和倾向得分匹配方法对 192 个国家和地区采取增值税的概率及其影响进行研究，发现实施增值税的国家在经济增长、投资、低通胀、政府支出占 GDP 比重方面具有显著优势。艾德希卡丽（Adhikari，2015）基于 1950～2011 年 167 个国家数据，利用合成控制法评估发现，从平均水平上来看，增值税改革提高了经济效率，但是这一效应仅对富裕国家有效，而对贫困国家的经济效率提升不显著，证实了全要素生产率和人均资本存量是改革效应显现的两大渠道，此外还发现，增值税的有效性取决于一国初始收入水平，是影响增值税实施效率的关键因素。希斯和德塞（Hines and Desai，2005）基于 2000 年 136 个国家和

1995 ~2000 年 165 个国家的出口数据，对比发现实施增值税的国家比未实施增值税的国家的出口收入更少，这一不利效应在低收入国家表现的更加严重，其认为主要有两方面的原因：一是增值税使得对外贸易的汇率更高，二是出口企业的出口退税并不是完全的。

然而，也有些文献得出相反的结论。超等（Chao et al.，2006）利用 CGE 模型证实了中国的进口退税（import duty drawback）和增值税退税（VAT rebate rate）在推动出口发展方面发挥着重要的角色。阿查娅（Acharya，2016）对尼泊尔增值税改革的研究却发现，以出口退税为代表的税收返还显著推动了出口和 GDP 增长。

第二个维度主要关注增值税改革对居民消费价格、福利分配效应的影响。巴拉德等（Ballard et al.，1987）模拟了美国增值税改革的社会福利效应，认为这一福利效应存在明显的累退性。埃米尼（Emini，2000）对喀麦隆的增值税改革潜在效应进行研究，发现改革的福利效应仅存在于短期内，长期并不显著，甚至可能引起恶化。斯马特和佰德（2009b）考察了加拿大增值税改革对试点地区消费者价格的影响，发现总体上没有引起比较大的分配效应，部分生活类商品价格略有上升。加西亚·恩里克斯和埃切瓦里亚（García - Enríquez and Echevarría，2016）基于一致两阶段估计法（consistent two-step estimator）评估了西班牙 2012 年增值税改革对家庭福利效应的影响，发现这一改革较为失败，低收入群体的福利损失更大。

然而，相当多的研究也肯定了增值税改革对居民消费价格及福利分配的促进意义。木鲁和于（Murrell and Yu，2000）对 1997 ~1999 年加拿大第一轮改革地区的价格效应进行评估，发现至少从改革的前两年来看，居民消费价格不仅没有明显上升，反而略有下降。苟等（Go et al.，2005）针对南非增值税改革的考察，发现改革对社会福利改善具有显著意义。伯特斯等（Boeters et al.，2010）以德国的增值税体制为研究对象，使用一般均衡模型论证了德国假设使用标准增值税税制对社会福利的贡献较为有限，而如果使用降低个人所得税税率，再配合使用增值税政策，则能够有效保障社会福利的广泛改善。罗伊等（Roy et al.，2010）基于 2005 年印度营业税改征增值税改革，考察了这一税制改革对贫困改善的影响，理论模型推理发现，增值税税制设计对相对贫困群体有较大的改善空间。斯马特（Smart，2011）对加拿大安大略省（Ontario）增值税改革的影响进行评估，发现改革提高了消费价格 0.9%，反映了增值税的税收转嫁效应，但是通过同步实施的所得税补偿计划，基本能够弥补消费者损失，因此增值税改革对家庭收入的净效应略微为正或损失很小。凯瑟曼（Kesselman，2011）以卑诗省（加拿大西部）实施协调销售税为研究对象，发现该省对协调销售税影响居民生活成本存在过度负面解读引起了普遍担忧，从结构性和操作性角度解释了协调销售税和零售税之间的差异，发现协调销售税的实施提高了该省居民生活成本 0.5% ~0.6%，因此认为地方政府应对协调销售税对消费者生活成本的增加即使很小，也应予以补偿，以提升公众的接受度。拜等（Bye et al.，2012）借助一般均衡模型，对挪威 2001 年的增值税改革进行研究，发现如果增值税链条不完整，那么就会产生严重的效率损失、滋生寻租和逃税行为，同时也需承担较高的管理成本。只有增值税改革包含全部货物和服务业时才达到最优福利效应，而当改革范围仅对部分服务业扩围时就可能低于当前仅对货物商品实施增值税的福利效应。

第三个维度主要关注增值税改革对行业税负及税负转嫁的影响。卡伯捏（Carbonnier，2007）考察了 1987 ~1999 年法国增值税改革对消费者税负转嫁的影响。研究发现，消费者对购置车辆的销售税额负担占 57%，对住房维修服务负担占 77%。认为这与产品市场的竞争程度有关，市场竞争程度越低，生产者要承担更高的销售税额比例，成为政府获取寡头垄断租金的可靠途径之一。崔（Cui，2014）对中国 2012 年的服务业“营改增”试点进行了讨论，认为政府回避改革对消费者价格的短期及长期影响的讨论，而是关注对不同行业税负减轻的影响。

第四个维度主要关注增值税改革对企业行为及绩效的影响。查德和隆（Chandre and Long，2013）基于 2000 ~2006 中国企业微观数据，利用 2004 年的准自然实验改革，发现增值税出口退税率每提高 1%，企业出口额将增加 13%。尹（Yin，2015）基于 DID 模型考察了中国 2012 年的

"营改增"改革对交通运输业的影响，发现"营改增"增加了这一行业的税负，原因在于上下游增值税链条的不完整，还发现对企业 ROE 的影响不显著。此外，增值税对企业管理决策产生怎样的影响，也是学者关注的对象。以加纳部分纳税企业为研究对象，萨里亚（Salia，2016）考察了增值税与企业现金流之间的关系。经过论证，发现实施增值税的企业与非增值税企业的现金流模式确实存在显著差异，进一步发现，除销售额外，所选择的其他变量（行业类型、应收账款、应付账款）与增值税均呈负相关关系，这一结论也就驳斥了已有观点认为增值税税负完全由最终消费者负担的断言，同时验证了墨菲（Murphy，1991）的主张，即增值税并不符合完全税收中性，增值税很可能会扭曲企业的现金流模式。不过，萨丽娅（2016）的研究因为样本的限制而受到质疑，仅限于大额纳税企业（594 个样本），难以考察不同行业的异质性和普遍适用性。

也有学者对增值税改革的征管效率和改革方向进行了研究。肯和明茨（Keen and Mintz，2004）发展了一个在纳税收入和征管成本之间权衡的最优阈值规则，刘和劳克伍德（Liu and Lockwood，2016）则分析了增值税阈值标准对效率及福利成本的影响。詹金斯和郭（Jenkins and Kuo，2000）针对尼泊尔 1994～1995 年销售税改征增值税改革，模拟得出如果发展中国家若在长时期内依赖增值税税种，应着力于扩大税基并提高纳税遵从。格鲍尔（Gebauer，2007）还探讨了德国三种不同增值税税制改革模式对逃税和管理成本均产生显著的负面作用。与已有文献探讨税制失败的原因不同，赛门和克林顿（Simon and Clinton，2010）对英国和新西兰实施增值税（Goods and Services Tax，GST）改革获得成功的本源和原因进行了解读。肯和洛克伍德（Keen and Lockwood，2010）认为采用增值税的国家都获得了较为有效的税收成果，但是在撒哈拉以南非洲的效果不明显，并分析了增值税得到推广的原因和后果。

以加拿大增值税改革为依据，也有学者关注对美国的启示。麦克卢尔（McLure，2005）分析了联邦政府采取增值税改革对地方税收的机遇、风险和挑战，发现增值税改革有利于改善地方税收系统，但也面临销售税收入缩减的风险；此外，还可能会因为中央与地方之间缺乏有效协调而加重地方税收征管成本，造成地方财政自主受到挑战。伯德等（2006）通过对加拿大部分省份实施协调销售税改征增值税的经验梳理，认为美国应借鉴加拿大增值税改革经验，并指出从技术上是行得通的。伯德和斯马特（2014）对加拿大联邦和地方共存增值税和零售税的局面进行剖析，解释了即使存在地方零售税的阻碍，仍然可以成功推行联邦增值税，这为美国实施增值税提供了可能的经验依据，并指出增值税的实施对地方政府仍具有自主权。

2.2　增值税转型的实践与经济效应研究

1994 年我国实施分税制改革以来，确立了在制造业实行增值税，在服务业实行营业税的税制框架，奠定了我国现代财税制度的基础。在当时的经济背景下，分税制改革有效缓解了中央财政困境，抑制了投资过快增长，保证了经济向平稳增长、低通胀的顺利过渡。然而，随着社会主义市场经济体制的深入发展和国际经济形势的变化，确立的生产型增值税税制无法满足长期经济发展的需要，在这一税制下，企业购进的固定资产无法进行抵扣，这就不利于资本密集型和技术密集型行业的发展，限制了企业技术设备更新速度，同时还存在服务业的重复征税等问题。

为解决这一问题，2004 年 7 月 1 日，《关于东北地区军品和高新技术产品生产企业实施扩大增值税抵扣范围有关问题的通知》要求在东北地区首先进行试点改革，开启了我国的增值税税制由生产型向消费型的转变。随后于 2007 年 7 月 1 日和 2008 年 7 月 1 日分别在中部六省、内蒙古东部地区和汶川地震受灾严重地区扩大试点范围，并于 2009 年 1 月 1 日起在全国范围内实现增值税转型。在这次改革中，核心内容就是允许企业购进的机器设备等固定资产允许在销项税金中抵扣，这就有利于降低企业税负、鼓励企业进行设备更新和技术升级。然而，这次改革仅是将生产用固定资产纳入抵扣范围，第二产业的建筑业和第三产业的服务业并未纳入抵扣范围，增值税和营业税并存导致的重复征税问题并未得到扭转。但是，这一税制改革为“营改增”改革奠定了良好的实践基础。服务业改征增值税，实质就是扩大增值税的实施范围，由制造业向服务业扩围。据此可见，增值税转型与“营改增”的研究有一脉相承之处。

已有研究增值税转型的文献主要探讨了这一改革对宏观税负、经济增长、就业、社会福利等方面的影响，由于研究视角、研究方法的不同，得到的结论并不一致。范等（Fan et al.，2002）基于一般均衡模型（CGE）模拟了中国增值税转型的经济增长效应，认为转型对经济增长的短期拉动作用并不乐观，而且长期作用的边际贡献也仅为0.19%。翟和何（Zhai and He，2008）基于世代交叠的动态一般均衡模型研究了增值税转型对经济增长和社会福利的影响，证实了增值税转型有利于改善社会福利，刺激经济增长，同时也反映出东北三省在试点过程中存在较大的交易成本等问题，对实现全面转型产生了不利影响。陈烨等（2010）根据中国国情，在允许存在剩余劳动力的前提下，构建了宏观闭合CGE模型，在此框架下讨论了增值税转型的宏观经济效应，认为增值税转型扭曲了资本和劳动的相对价格，产生资本对劳动的替代，进而对就业产生负面效应，并且改革对经济增长的促进作用也非常有限。聂海峰和刘怡（2009）基于玉冈（Tamaoka，1994）的生产型和消费型增值税价格形成理论框架，利用2005年中国投入产出表、固定资产投资及城镇家庭消费支出数据，考察了增值税转型对收入分配的影响，发现改革从总体上降低了家庭的税收负担，但加重了低收入家庭的税收负担，略微恶化了收入分配。

企业微观方面，国内学者主要基于不同地区增值税转型的自然实验机会，利用倍差法进行了不同角度的政策评估。聂辉华等（2009）以东北三省的试点改革为研究对象，考察了增值税转型对企业固定资产投资、研发、生产率、雇佣等企业行为及绩效的影响。罗宏和陈丽霖（2013）主要关心增值税转型对企业融资约束的影响，发现增值税转型有效降低了内源性融资约束，特别是在非国有、高管金融背景、市场化程度越高的地区越明显。陈丽霖和廖恒（2013）对企业生产效率进行了研究，发现改革的生产率效应逐年提高，其中非国有企业、高新技术行业的改革效应要分别高于国有企业和非高新技术行业。以企业产权特征为基础，王跃堂和倪婷婷（2015）考察了增值税转型对企业劳动力需求的影响，总体而言，资本对劳动的替代效应高于收入效应，因此企业的劳动力需求普遍减少，但在考虑产权性质差异后，发现国有企业由于预算软约束对劳动力需求的替代不明显，而民营企业的劳动力需求明显减少。基于流行的智力增值系数方法（Riahi – Belkaoui，2003；Kamath，2007；Joshi，2013），傅传锐（2015）评估了增值税转型对企业智力资本价值创造效率的影响，证实了这一效应在非国有企业、高融资约束、高人力资本的企业更加显著。这些结论丰富了税制改革的政策启示。李成等（2016）基于融资约束视角，利用双重差分模型研究了增值税转型对企业投资效率的影响，研究发现，改革效应会受到企业融资约束的影响，对改革前投资不足的企业，融资约束越高，改革的推动作用越小，而对改革前投资过度的企业的影响受到融资约束的制约较小。

由于世界上大多数国家实行的是消费型增值税，只有中国、巴基斯坦、海地等少数几个国家实施生产型增值税（聂辉华等，2009），因而鲜有研究其他国家的增值税转型的实施效果。相比较而言，国外学者更关注所得税改革的经济效应（Jorgenson and Hall，1967；Mansfield et al.，1985；Auerbach and Hassett，1992；Mertens and Ravn，2013；Stimmelmayr，2015）和同属流转税的消费税改革的社会效应（Hall，1996；Naito，2006；Jacobs et al.，2010；Nishiyama，2014）。

2.3 “营改增”的实践与经济效应研究

2010 年 10 月，《中共中央关于制定国民经济和社会发展第十二个五年规划的建议》明确提出：“扩大增值税征收范围，相应调减营业税等税收……完善有利于产业结构升级和服务业发展的税收政策”。反观这一时期的国际形势，欧洲债务危机恶化、美国宽松货币政策失灵，我国出口市场受挫，亟须发挥财税体制改革，扩大内需成为经济持续发展的主攻方向。在这一国际背景下，完善现有税收制度被提到了重要日程，为经济增长增添新动能。

2012 年 1 月 1 日起，在上海的交通运输业和部分现代服务业（“1 + 6”行业）率先实施“营改增”，2013 年 8 月在全国范围内扩大试点范围。2013 年 11 月，党的十八届三中全会通过了《中共中央关于全面深化改革若干重大问题的决定》，深化财税体制改革再次被提到重中之重，明确提出推进增值税改革，适当简化税率。2014 年 1 月 1 日，铁路运输业和邮政业在全国范围内纳入试点，6 月 1 日，电信业也被纳入试点范围。2016 年 5 月 1 日，全面实施“营改增”，将试点范围覆盖至所有未实施增值税的服务业。

这一税制的变换直接关系到纳税主体的税负，因此，研究“营改增”的税负效应成为不可逾越的重要话题。理论而言，“营改增”有助于消除因征收营业税不能抵扣进项税额而导致的重复征税，使得试点企业外购原材料、设备及应税服务得以抵扣进项税额，并且可以将应纳的销项税额通过“价外税”的模式转嫁给链条的下一环，如果增值税链条完整，实施“营改增”后的服务业企业的税负自然得以减轻。然而，我国增值税改革从制度设计上较为谨慎，分地区、分行业逐步推广的传统改革方式，就可能损害了增值税链条的完整性，违背了税收中性原则。

随着“营改增”试点规模的扩大，关于实施“营改增”的服务业企业税负“不减反增”的现象在理论研究和新闻报道中逐渐增多，分析其背后的原因可能在于“营改增”的税率变化带来的增税效应未能有效抵消进项抵扣的减税效应，所以造成不同行业的真实税负变化的差异较大。程子建（2011）通过建立一般均衡模型比较了增值税链条在不同产业链中断的影响，发现增值税链条在生产过程中中断而产生严重的重复征税，最终产品税负将严重大于环环征收增值税的情形；而当增值税链条在末端中断也会产生重复征税，但对末端生产过程改征增值税未必会降低最终产品税负，而取决于中间投入率和改革前后的适用税率等因素。潘文轩（2013）通过理论演算和问卷调查统计的方式识别出“营改增”企业的税负“不减反增”的关键在于适用税率过高、中间投入比率过低、固定资产更新周期过长、改革试点范围有限、增值税发票获取困难等。

分税制改革确立的税制框架，规定营业税属于地方税，增值税属于共享税。因此，“营改增”改革不可避免地就会影响到地方政府的财政收入和经济增长。对此，已有文献进行了较为丰富的探索与检验。刘明和王友梅（2013）基于 1994～2012 年的各省份营业税收入数据，测算出“营改增”后中央与地方的增值税分享比例由此前的 75∶25 调整为 48∶52。田志伟和胡怡建（2014）利用 CGE 模型模拟测算了“营改增”对于税收收入、经济总量及经济增长速度的影响。汤蕴懿和闫强（2014）检验了上海增值税改革前的税负与经济增长关系，发现税负下降有效促进经济增长，这为上海“营改增”的试点改革提供了依据。孙正和李学军（2015）运用 1995～2013 年省级面板数据，检验了“营改增”对国民收入分配格局的影响，发现“营改增”使政府部门的国民收入份额下降，企业和居民的所得份额有所上升。

通过“营改增”深化产业分工，是改革的基本目标之一。然而，以往的研究对这一问题的回答仍不够深入，严谨的经验研究可能因缺乏直接的微观数据的支持而长期未能展开（郝晓薇和段义德，2014）。丁胜红和曾峻（2014）利用 DSGE 模型对上海市试点企业的季度数据进行面板回归分析，发现“营改增”显著促进了产业结构升级。陈钊和王旸（2016）基于 2008～2014 年上市公司数据，利用双重差分模型考察了“营改增”对企业分工的影响，研究发现，受到政策影响的企业相对于未受到政策影响的企业更可能增加“营改增”业务的经营范围，其认为这是促进企业分工的表现。不过，依据阿戴尔曼（Adelman，1955）和高特（Gort，1962）对企业专业化分工的定义，应该是将辅助业务从全部业务中分离出来，集中精力发展主营业务，而非增加新业务。

企业作为税制改革最直接也是最重要的主体，“营改增”对企业的生产经营行为产生怎样的影响，虽然是学术界关注的重中之重，但是从微观层面进行评估的经验研究仍较为缺乏，且这些研究主要集中在对企业投资行为、投资效率及其影响机制的考察。袁从帅等（2015）利用双重差分模型评估了“营改增”改革对服务业企业投资的影响，发现“营改增”对投资的激励效应并不是非常明显，对设备类固定资产投资和无形资产投资的影响均不显著。不过这可能由于没有严格区分上游关联企业是否属于增值税纳税人，从而导致部分抵消了改革的投资激励作用。李成和张玉霞（2015）还同时检验了改革对企业投资、财务绩效及生产率的影响。然而，由于政策作用的时滞，以季度数据作为研究的基础可能难以准确反映“营改增”的较长周期内的实际微观效应。不过，值得肯定的是，这些研究为我们深入解析“营改增”的经济效应提供了非常丰富的研究视角。

2.4 税制改革与城市发展关系

税制改革与城市发展关系的研究，国内外学者从不同视角进行了有益尝试。理论上，合理的税收政策有利于推动城市发展，但不可否认，有些税收政策反而不利于城市发展。那么二者之间存在怎样的关系自然成为该领域学者关注的焦点。通过梳理相关文献发现，主要基于四种不同税种的制度变革考察对城市发展的影响。

一是以房产税改革为研究对象，安德尔和劳伦斯（Andrew and Laurence，1997）发现爱尔兰的房产税改革显著促进了内陆城市的长远发展，（Štuc and Mazuūre，2012）对拉脱维亚的不动产税改革历程进行系统分析，认为这一专项税收应该投入到城市发展方面。

二是考察财产税改革与城市发展间关系，布吕克纳和金姆（Brueckner and Kim，2003）构建完全竞争条件下的一般均衡模型，发现财产税制度对城市空间扩张（Urban Sprawl）的影响难以确定。桑和泽诺（Song and Zenou，2006）基于线性对数效用函数（Log-linear Utility Function）研究了欠发达地区的财产税税率变化（Property Tax Rate）对城市规模的影响（Urbanized Area's Size），但所得的结论与布吕克纳和金姆（2003）不同，他们发现提高财产税税率将显著弱化城市规模。（Ermini and Santolini，2016）基于意大利 72 座功能区城市数据，考察了中心城区和郊区的财产税差异对城市扩张的影响，发现中心城区财产税税率的提高，将显著降低中心城区的密度，但提高郊区财产税税率时，中心城区的密度将显著增加。

三是研究土地税改革对城市发展的影响。班茨哈夫和莱弗里（Banzhaf and Lavery，2010）研究了美国宾夕法尼亚州的土地税（land tax）改革对城市扩张的影响，发现土地税的实施将显著增加城市的住房密度，这一发现得到了奥兹和施瓦布（Oates and Schwab，1997）、普拉斯曼和蒂德曼（Plassman and Tideman，2000）的证实。

四是对税收增量融资政策（TIF）进行了专门的研究，但是结论存在较大的争议。英格拉姆等（Ingraham et al.，2005）基于美国得克萨斯州北部城市的零售消费业与城市经济增长数据，发现只要城市零售销售业增长率低于93%时，税收增量融资政策才能够促进城市的发展。而卢斯（Luce，2003）的研究却发现，税收增量融资政策的滥用也会恶化城市税收竞争，增加城市发展风险。此外，还有些学者研究了美国联邦所得税改革对城市扩张的影响（Gurko，1971），考察了税收与城市发展（urban development）间关系（McFarlane，1999）。

然而，就我们所知，到目前为止还鲜有文献直接研究“营改增”对城市发展的影响。最直接相关的是孙红梅和郭梦茵（2015）的研究，他们基于2006~2014年全国285个城市税改政策与城市发展的相关数据，运用面板空间滞后模型分析发现，税制改革有利于促进城市综合水平的提高。但是他们的研究未能揭示不同税制改革的产出弹性，也缺乏对税制改革与城市发展间可能存在的内生性问题的处理，同时城市发展综合指标的设计过程也容易受到主观性的质疑。

因此，综合国内外的研究来看，关于税制改革与城市发展间关系仍缺乏严谨的经验研究，特别是研究中国的税制改革，考察“营改增”对城市发展影响的文献更是屈指可数，同时缺乏足够的深入讨论。因此，本书的推进对于丰富税制改革与城市发展间关系具有一定的经验意义，同时也为下一步的税制改革提供潜在的方向。

第 3 章

“营改增”的减税效应和分工效应：基于产业互联的视角

3.1 引　　言

在 1994 年的分税制框架中，制造业和服务业设定了两种完全不同的税制，前者以增加值为税基缴纳增值税，后者以销售额为税基缴纳营业税，由于增值税和营业税同属于流转税，因此两税分设就不可避免地导致了服务业的重复征税问题。为了解决该问题，自 2012 年 1 月 1 日起，上海市在交通运输业和部分现代服务业（即“1 + 6”）率先开展营业税改征增值税（以下简称“营改增”）试点，随后在全国范围内推广，并逐步扩围到其他服务业。在 2016 年“两会”期间，更是明确规定自 2016 年 5 月 1 日起，“营改增”将覆盖到最后的四个服务业行业：建筑业、房地产业、金融业和生活服务业。随着“营改增”的全行业覆盖，服务业将得到极大的发展，进而促进我国的城市化进程和产业结构的转型。

虽然从“营改增”的税制设计和政策定位来看，服务业企业的实际税负应该出现显著的下降，但是实际情况却截然相反：一方面，关于企业税负大幅度上升的报道屡见不鲜；另一方面，各地方财政都安排了大量的资金用于补贴税负上升的企业，说明政策设计与现实状况存在较大的差距。这是因为“营改增”实行“一刀切”的行业细则，但是其作用却严重依赖于两个先决条件：一是该行业要与上游行业有足够强的关联，即该服务业行业要有较多的中间投入，二是上游行业要实行增值税税制，这是因为我国的增值税采用“以票控税”的“销项—进项”核算方式，因此仅当上游行业是增值税行业时，其中间投入的税负才可能被核减。以交通运输业为例，道路运输和水路运输业都适用11%的增值税税率，但改革对两者税负影响完全不同，前者的主要成本为过路费和罚款，无法取得相应的增值税发票，因此税负上升较大，后者的主要成本为燃油，由于可以抵扣大量进项税，税负有明显下降；虽然这两个行业与上游行业的关联度都较强，但上游行业是否是增值税税制会直接影响服务业企业的税负。

自2012年“营改增”试点以来，学术界对此进行了诸多的研究，一些文献开始关注“营改增”的效应，例如，“营改增”对地方财政收入和宏观经济（刘明和王友梅，2013；田志伟和胡怡建，2014；孙正和李学军，2015）、微观企业的税负（程子建，2011；潘文轩，2013）、企业投资（袁从帅等，2015）以及生产效率（李成和张玉霞，2015）的影响等。到目前为止，从分工角度研究“营改增”的文献非常少，其中，陈钊和王旸（2016）考察了“营改增”对下游制造业的影响，梁若冰和叶一帆（2016）则利用福建省增值税发票数据研究了“营改增”对贸易转移的影响。不过，这些文献均没有解答“营改增”之后的企业税负上升的难题，更没有厘清增值税税制与服务业分工之间的关系。

本章首先基于2012年中国139细分行业的投入产出表和现有的增值税行业列表，测算了其中28个服务业行业与上游行业的增值税关联度；再将2009~2014年所有服务业上市公司的微观数据按照其行业属性与投入产出表匹配；最后以“营改增”在地区间和行业间的逐步推开为自然实验，采用三重差分方法估计了“营改增”对企业税负和专业化分工的影响。我们发现，在平均意义上，“营改增”对企业税负的减轻作用非常微弱，只有在那些产业互联较强的行业内，“营改增”才能够显著降低企业税负，有力推动了企业专业化分工的深入发展。并且该效应存在明显的时滞性，在改革的第三年才较为显著，这意味着“分步式”的“营改增”试点策略破坏了增值税链条的完整性，一定程度上弱化了“营改增”的减税效应和分工效应。此外，我们还发现“营改增”推动了企业跨地区的分工与协作，加快了企业设备类固定资产投资的更新速度。

与既有文献相比，本章可能的贡献主要表现在以下三个方面：首先，税制是影响一国分工演化的重要因素，但是既有的文献大多基于给定的税制设计（Poncet，2005；Xing and Whalley，2014），无法识别税制转变带来的影响，本章研究中国“营改增”的税制转换，能够填补这一块的空白；其次，我们尝试从产业互联角度进行研究，这样就能够揭示“营改增”对微观企业的影响渠道，弥补现有研究的不足；最后，也是更为重要的是，我们的研究一方面能够解释一些看起来不合理的现象，如服务业企业税负的上升，另一方面也对全面推开的“营改增”政策有直接的启示作用，如差异化的税率、税基核定以及不同行业间税负的变化等。

本章其他部分安排如下：第二部分是“营改增”改革的制度背景；第三部分是理论机制与产业互联的度量；第四部分是研究设计；第五部分是“营改增”的减税效应实证结果及解释；第六部分是“营改增”的分工效应与进一步的拓展；第七部分是本章的小结。

3.2 “营改增”改革的制度背景

伴随着 1994 年分税制的实施，我国针对制造业开始实施增值税政策，服务业征收营业税。其中规定增值税属于中央政府与地方政府之间的共享税，按照 75∶25 的比例进行分享，营业税则逐渐发展为地方财政的第一大税种。在征管制度上，增值税由国税局直接征收，征收方式简易，因为进销项税额直接关系到企业的税负，因此上下游企业之间容易形成相互制衡的效果，有效保证了国家的税源收入。而营业税由地方税务局征收，征收方式难度较大，营业税票对企业作用不大。营业税改征增值税后，征收机关将由地方税务局转移到国家税务局，地方税务局的征管范围缩小，国家税务局的征管范围扩大。如果完全执行增值税分享原则，这势必会降低地方财政收入，加剧地方与中央之间的纵向不平衡，因此为了顺利推行“营改增”，中央财政将“营改增”的增值税收入全额返还给地方；“营改增”全面实施之后，增值税分享比例由75:25调整为50:50，基本可以维持地方税收收入的不下降，但是由于改革之前各地产业结构不同，“一刀切”的分享规则依然会造成地区间的不均等①。

营业税和增值税税制并存的状况不利于产品在制造业和服务业之间流通，也产生了同一个产品在生产环节和销售环节重复征税的问题。在2011年11月16日，财政部和国家税务总局提出了“营改增”的试点方案，考虑到营业税和增值税原来分别由地税和国税系统征管，两个系统之间存在较为严重的信息不对称，一旦将服务业企业由地税局转移到国税局，后者将会因为从未接触过此类企业而出现征收困难，于是选择在上海首先做试点，这是因为在1994年分税制改革过程中，上海是当时全国唯一一个未分设国税地税的地方，因此上海的服务业企业在“营改增”之后，只是改变了税种，并没有改变征管机构。

在试点行业的选择上，上海市选择了“1+6”，其中的1是指交通运输业（包括陆路、水路、航空、管道运输），6是指六个现代服务业（包括研发和技术、信息技术、文化创意、物流辅助、有形动产租赁、鉴证咨询服务）。在税率的设定方面，考虑到原有增值税税率为17%和13%两档，与这些行业的营业税税率5%相差较大，于是在原有两档增值税税率基础之上，新设了较低的两档增值税税率：11%和6%。大多数“营改增”行业均适用低税率，只有个别行业适用17%的高税率，如有形动产租赁。

随着时间的推移，“营改增”的范围也在地区和行业两方面逐渐扩围。2012年8月1日起，试点的“1+6”行业，由上海分批扩大至北京、天津、江苏、安徽、浙江、福建、湖北、广东八省市；一年之后，扩围到

---

① 按照五五分成规则，上海和天津由于制造业相对更为发达，会从新规则中获益，收入增幅在10%~30%之间；相反，北京由于制造业相对较少，税收收入会减少15%左右，虽然配合了返还地方上划收入，但是一些制造业相对发达的地区依然获益更多。

全国所有地区。2014 年 1 月 1 日起，铁路运输和邮政业纳入试点行业，由于行业特殊性，没有采取分地区试点的方式，在全国范围内一次性地同步实施。2014 年 6 月 1 日起，将电信业纳入全国营业税改征增值税试点范围。这样就只剩下建筑业、房地产业、金融业和生活服务业四个服务业行业，这些行业已于2016 年5 月开始实施增值税。“营改增”的改革试点进程如图 3.1 所示。

图 3.1 “营改增”试点改革的进程

3.3 理论机制与产业互联的度量

在最近的案例研究和理论研究中，对“营改增”改革能否真实减轻企业税负的争论一直未间断。事实上，“营改增”企业的税负能否有效降低，关键取决于通过上游企业获得的进项抵扣能力，理论上来说，如果“营改增”企业的中间投入行业，具有一般增值税纳税人资格，且中间投入行业的增值税率越高，那么试点企业的进项抵扣就会越高，企业税负就能有效转嫁给下游生产者或消费者。反之，如果“营改增”企业的主要上游行业是营业税行业，那么势必影响企业的进项抵扣。

本书通过一个调查案例来说明这一猜想。这是我们在中部一个省份调研时发现的案例，两家企业都是物流企业，按照“营改增”试点要求，它们都是首批纳入试点的行业，其税率由 3% 的营业税税率，提高为 11% 的增值税税率。其中水路运输企业的税负大幅度下降，这是因为水路运输企业的主要成本是燃油，燃油购入时可以从中石油或者中石化取得增值税发票，虽然水路运输企业的税率大幅度提高了，但是由于可以将主要投入进项税抵扣，销项减进项之后的税额就大幅度下降了。相反，公路运输企业在我国主要是通过高速公路，其主要成本是过路费和罚款，在试点期间，这两项成本都不能取得增值税进项发票，其中收取罚款的单位甚至都不是企业，根本就不具备开具增值税发票的资格，因此，公路运输企业很难将主要成本在缴纳增值税时进行扣除，这些企业的税负就无法避免地增加了。

这个案例启示我们，“营改增”的税负效应应取决于上游行业是否属于增值税行业以及中间投入中来自增值税行业的进项比例。

然而，“营改增”的最终目标并不是减税，而是理顺产业间的投入产出关系，促进产业间的分工和协作，提升专业化生产的水平，最终实现我国产业的转型和升级。在原有的营业税税制下，服务业产成品的中间投入品，无论是外购还是自己生产，均不能在纳税时扣除成本，这会使得企业采用纵向一体化的方式同时生产中间品和产成品，降低了企业的专业化分工水平。实施“营改增”之后，服务业的中间投入品的进项税可以全部扣除，产业分工与协作的税收成本得以降低，这将激励企业将中间投入产品分离出去，推动企业集中精力发展主营业务，有利于产业间的分工。

我们用图 3.2 来阐述背后的逻辑。在营业税税制下，服务业企业 A 会销售一定数额的产成品（服务），假定为 100 万元，在生产产品的过程中，A 企业需要一些中间投入，由于 A 缴纳的是营业税，营业税是按销售额作为税基，因此无论 A 的中间投入是外购，还是自我生产，其最终缴纳的税额是不变的；如果 A 的中间投入是外购的，其中间投入品在交易的过程中是需要缴纳税收（增值税或者营业税），假定中间投入为 50 万元，按照 5% 的税率，即中间品税额为 2.5 万元；如果 A 自我生产中间品，那么它就可以节约这 2.5 万元的税额，并且这不会影响其最终缴纳的营业税税额。因此，在营业税税制下，服务业企业倾向于纵向一体化，这就不利于产业间分工和专业化生产。

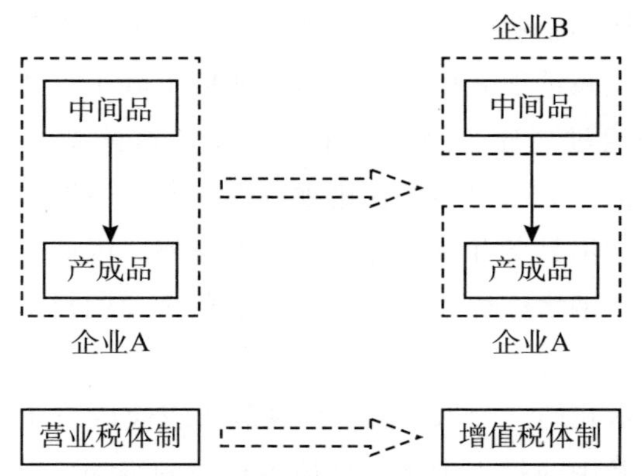

图 3.2 基于案例角度解读税制改革与企业专业化分工过程

在“营改增”之后，同样是上面的案例，假定增值税税率统一为6%，由于采用增值税税制，如果A企业自我生产中间品，那么其产成品的增值税是6万元（100×6%）；如果A是外购中间品，则其进项税额是3万元（50×6%），本环节增值税是3万元（100×6%－50×6%），该产品的总税额也是6万元。这说明，A企业纵向一体化并不能节约税额，这样A企业就可以通过外购中间品来生产，从而将一部分业务分离出去，在产业层面就表现为产业间关联更多，产业分工更多，专业化生产也更多。因此，“营改增”的分工效应取决于抵税环节是否畅通，其效应的发挥同样依赖于上下游关联度和上游企业是否是增值税税制。

因此，评估“营改增”的效应，需要准确测算企业中间投入与其对应行业的增值税税率的加权水平，我们这里定义为企业的产业互联程度，如果企业的加权进项税越高，则企业的产业互联程度越高。测算步骤如下：

第一步，企业所属行业的准确判断是衡量产业互联度的起点和重要基础。在确定企业所属行业时，因为新证监会行业标准（2012年修订的行业分类标准）最接近国民经济行业分类（GB/T 4754—2011）两分位行业代码，所以首先以企业所属的新证监会行业标准作为企业的基础归属行业。然后，如果新证监会行业标准下的行业归属与其他标准［同花顺行业、申万行业、全球行业分类系统（GICS）行业、中信行业］存在差异，我们则逐个查询企业2014年年报列示的最高主营业务收入，判断企业的所属行业是否需要变更，如果主营业务与我们选择的行业标准不同，则进行调整，如果完全相同则采用前述行业标准。

第二步，以企业所属行业为基础，匹配所属中国投入产出表中的细分行业。以国民经济行业分类（GB/T 4754 – 2011）两分位行业代码为标准，对第一步获得的修正后的新证监会行业代码，与中国投入产出表的 139 行业进行匹配，以获取企业所属 139 行业的行业代码。

第三步，产业互联度的测算。根据 2012 年中国投入产出表 139 部门直接消耗系数矩阵，以及对应行业的增值税率，计算行业层面的产业互联度。增值税率当时主要包括 17%、13%、11%、6%、0，其中农、林、牧、渔及其服务业采取 13% 的税率，制造业采取 17% 的税率，试点后的交通运输业和部分现代服务业分别实行 11%、6% 的税率（有形动产租赁实行 17% 的税率），试点前的改革企业及非改革企业适用于营业税税制，增值税率为 0。由于“营改增”改革在不同地区、不同行业的试点时间不同，因此就需要分别计算 2012 年之前、2012 年、2013 年、2014 年不同行业、不同地区的产业互联度。这是因为随着“营改增”改革的推进，新的增值税行业及其增值税税率的纳入，企业所属行业的产业互联度就会相应发生变化。用公式表示为：

$$Linkages_{jkt} = \sum_{m=1}^{139} Vatrate_{mkt} \times Direct\_cons \qquad (3.1)$$

其中，k、m 表示行业（k、$m = 1, \cdots, 139$），因为公式 3.1 左边的行业 k 不同于右边的行业 m，这里用两个字母表示，以避免分歧；j 表示地区，t 表示年份（2009，…，2014）；*Vatrate* 是指不同中间投入行业的增值税税率，如果是营业税行业，则增值税率为 0；*Direct_cons* 是指对应的中间投入行业的直接消耗系数。*Linkages* 表示所要计算的行业加权增值税率，即为企业的产业互联度，这一公式的测算可描述为：某企业的加权增值税率等于该行业的所有中间投入系数（直接消耗系数）与其对应行业的增值税率的乘积的和。

根据投入产出表和上市公司所属行业进行匹配，测算出不同行业的产业互联程度。从表 3.1 可以看出，总体上“营改增”行业的加权增值税率高于营业税行业，说明生产性服务业的产业互联度较强，这也是“营改增”选

表 3.1　各行业产业互联、税负的测算结果

"营改增"行业	产业互联度	税负	中间投入（%）	营业税行业	产业互联度	税负	中间投入（%）
均值	0.057	0.038	61.98	均值	0.029	0.036	51.28
铁路运输	0.044	0.026	50.23	房屋建筑	0.100	0.037	73.24
道路运输	0.054	0.030	59.83	土木工程建筑	0.093	0.031	76.03
水上运输	0.064	0.022	70.30	建筑装饰和其他建筑服务	0.094	0.031	66.17
航空运输	0.086	0.025	76.08	批发和零售	0.012	0.020	30.94
装卸搬运和运输代理	0.063	0.022	65.34	住宿	0.062	0.053	57.68
仓储	0.069	0.033	79.25	餐饮	0.075	0.059	59.51
电信和其他信息传输服务	0.035	0.036	44.64	货币金融和其他金融服务	0.015	0.066	39.01
软件和信息技术服务	0.057	0.052	64.95	资本市场服务	0.013	0.046	27.27
租赁	0.051	0.037	58.69	保险	0.010	0.018	59.48
商务服务	0.069	0.031	67.87	房地产	0.006	0.047	25.44
研究和试验发展	0.065	0.068	61.06	生态保护和环境治理	0.057	0.041	57.39
专业技术服务	0.059	0.036	61.69	公共设施管理	0.055	0.030	58.94
广播电视电影和影视制作	0.035	0.030	45.77	其他服务	0.063	0.031	54.18
				教育	0.019	0.038	26.59
				卫生	0.079	0.006	57.28

择生产性服务业作为改革试点的潜在因素之一。而在分行业内部，不同行业的加权增值税率存在显著差异。如前文所述，水上运输业的税负确实低于道路运输业，这是因为水上运输业的加权增值税率高于道路运输业，进项抵扣能力的差异导致了税负的差异，可见理论演绎的结果与实际情形一致，证实了产业互联度测算的可靠性。从营业税的行业来看，一些行业的特征值得重视，例如，金融业的加权增值税率仅为 1.5%，这是因为金融业与其他行业的产业关联比较低，这就意味着如果金融业“营改增”税率设定过高，很可能会因为进项比例过低导致税负增加，同时也难以有效推动该行业的分工深化。此外，房地产行业的税率如果从现有的 5% 营业税税率提高到 11% 增值税税率，“营改增”就可能对这些行业产生较大的冲击。

3.4 研究设计

3.4.1 三重差分模型的设定

本章的目的是要评估“营改增”这一重大财税制度变革的微观效应，采用的方法论是政策评估中的 DID 或 DDD 方法，该方法要求作为对照组的行业或者企业不能受到政策的影响，即 SUTVA（stable unit treatment value assumption，SUTVA）条件，每个个体的潜在结果（potential outcome）不会因为其他个体接受的处理组（treatment）的不同而不同。在本章的研究中，由于制造业受到了“营改增”影响，因此制造业不适宜作为服务业的对照组。具体来说，虽然“营改增”的改革对象是服务业，但由于制造业购买了很多的服务（特别是生产性服务，如咨询），这些服务购入在改革之前是不能作为进项抵扣的，但是服务业的“营改增”使得制造业购入的服务也能够纳入抵扣了，因此，“营改增”降低了所有制造业企业的税负，这也是我们在政策上提及的“改在服务业、利在工商业”。在研究设计上，如果将“营改增”试点服务业行业作为处理组，将制造业作为对照组，由于后者也受益于此次改革，此时评估的效应就存在严重低估。

因此，在本章的研究设计上，我们将服务业中的非试点行业作为对照组，这些行业即使购入“营改增”行业的服务或者其他制造业的产品，由于它们本身不是增值税行业，它们购入的这些投入品依然不能在进项中扣除，因此非试点服务业是完全不受“营改增”改革的影响。并且，试点行业在时间和地区两个维度是动态变化的，这样就可以通过DDD差分掉行业间的固定差异，从而得到“营改增”净效应。构建模型如下①：

$$Taxburdenin_{ijt} = \alpha + \beta_1 Linkages_{jkt} \times Reform_{jkt} + \beta_2 Linkages_{jkt} + \beta_3 Reform_{jkt} + \gamma X_{ijt} + \delta_i + \xi_{jt} + \varepsilon_{ijt} \quad (3.2)$$

$$Specialisation_{ijt} = \alpha + \beta_1 Linkages_{jkt} \times Reform_{jkt} + \beta_2 Linkages_{jkt} + \beta_3 Reform_{jkt} + \gamma X_{ijt} + \delta_i + \xi_{jt} + \varepsilon_{ijt} \quad (3.3)$$

其中，i 表示企业，j 表示地区（$j=1, 2, \cdots, 31$）、k 表示行业（$k=1, 2, \cdots, 139$）、t 表示年份（$t=2009, 2010, \cdots, 2014$）。由于试点时间的不一致，定义处理组 *Reform* 为试点企业在实施“营改增”后取值为1，其他年份取值为0，选取在样本时期内一直实施营业税的行业为对照组，取值为0。*Linkages* 为企业的产业互联度，X 是一系列的控制变量，δ_i 表示企业固定效应，ξ_{jt} 表示时间—省份固定效应。为了避免面板数据中标准误低估问题，我们将所有参数的标准误聚类（cluster）到企业层面。*Taxburden* 和 *Specialisation* 分别表示企业的税负和专业化分工程度。

由于试点行业及投入产出表细分行业的归类内容存在一定差异，需要将一些细分行业纳入对照组中。例如，以通行费为主营业务的行业，按照

① 本章的政策试点是在时间、产业和地区三个维度变化的，由于政策在时间上是逐步推开的，因此没办法用常规的DID赋值dummy的方法，采用的是直接赋值，即 *Treat* 背后的含义是，当该企业所对应的行业在该地区该年份是试点行业时，直接赋值1，其他则为0，因此 *Treat* 等价于DDD的三重交互项。然后与不同企业的产业互联度 *Linkages* 进行交互，由于 *Linkages* 变量不是一个定值，而是随时间、随地区和行业而改变，因此需要分别放入 *Linkages* 和 *Treat* 变量。

2011年国民经济分类标准，需要纳入其他服务业中①，定义为非营改增行业；对仅提供软件产品而无软件服务，即其适用的增值税税率在样本期间未发生变化（仅适用于17%一档税率）②，定义为非营改增企业；在2011年国民经济分类行业中，将“旅行社及相关服务”纳入商务服务业，但是商务服务下的“旅游业”“市场管理业”等并不在“营改增”范围内，因此，也需要对这部分企业定义为非营改增企业。

根据现有经验研究的做法（刘骏和刘峰，2014），设置如下影响企业税负的其他因素：企业规模，使用企业资产总计的对数表示；α企业年龄，使用样本年份减去企业注册年份表示；β固定资产比率，使用固定资产与总资产的比例表示；χ盈利能力，使用企业净利润与总资产比例表示；δ资产负债率，使用总负债与总资产比例表示。此外，本书也根据经验文献设置了影响企业专业化分工的潜在重要因素（李青原和唐建新，2010），除企业规模、企业年龄反映企业特征的影响外，也控制企业固定资产比率和盈利能力，以反映企业财务差异。

图3.3为“营改增”试点企业与非试点企业的实际税负变动趋势。可以看出，不同试点企业的税负变化与对照组企业并不能满足共同趋势假说，这也就意味着如果贸然使用双重差分方法，可能无法得到有效的税负效应。同时，图3.2也说明“营改增”的减税效应从总体来看较不明朗，虽然从制度的顶层设计上有降低企业税负的出发点，但在实践过程中，由于“分步式”的改革策略破坏了增值税抵扣链条的完整性，势必降低改革的减税效应，因此不同试点企业的减税效应可能会呈现一定的时滞性和异质性特点。因此，准确判断改革的减税效应不能仅从改革企业与非改革企业的税负差异来讨论，还需要考虑改革企业的上游企业是否具备增值税纳税人资格以及与上游企业是否有足够的产业关联。

---

① 共计15家企业90个样本，分别是：粤高速A000429、华北高速000916、中国中期000996、皖通高速600012、中原高速600020、福建高速600033、楚天高速600035、重庆路桥600106、赣粤高速600269、山东高速600350、宁沪高速600377、深高速600548、四川成渝601107、龙江交通601188、吉林高速601518。

② 共计5家企业30个样本，分别是数字政通300075、世纪瑞尔300150、方直科技300235、赢时胜300377、青鸟华光600076。

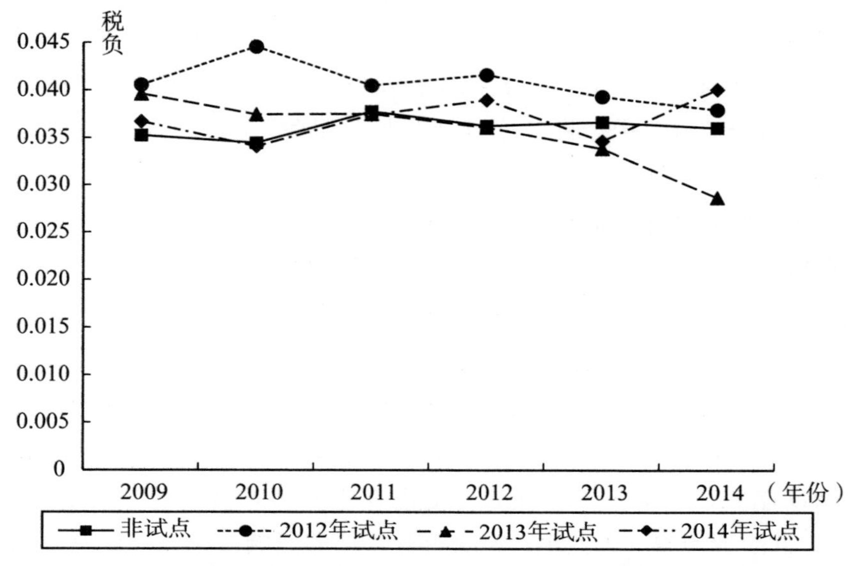

图 3.3 “营改增”试点企业和非试点企业的实际税负变动趋势

3.4.2 企业税负的度量

对企业税负的衡量研究中，比较有代表性的是刘骏和刘峰（2014）等的做法，采取现金流量表内企业支付的各项税费减去收到的税费返还衡量企业税负，该指标包括企业缴纳的增值税、营业税、印花税、城市维护建设税、所得税、房产税等。虽然这一指标可以较全面地反映企业的税负情况，但是诸如所得税、房产税等其他税种金额的变化并不受“营改增”的影响，因此这一度量方式可能会放大改革的税负效应，不能准确衡量改革带来的真实税负变化。吴联生（2009）等人以所得税或营业税等单一税种代理税负的研究，显然这种做法也因为忽视了重要税负主体，不适用于本章的研究。

从试点企业的实际税源变化上来看，“营改增”企业在改革之前缴纳营业税，而在改革后改缴增值税，所以“营改增”对企业税源的影响应该表现为营业税比例的降低，增值税比例的提高，“一降一增”的总体比例变化就应该是“营改增”改革对企业税负的总体影响。但是，在现有上市公司年报中仍缺少企业实际缴纳增值税的统计，年报数据仅报告了企业应交增值税金额，但是此指标属于流量，而非存量，并不能真实反映企业年度实际缴纳的增值税金额。因此，问题的关键就在于如何准确测度企业实缴增值税部分。

一个可行的办法是通过已知税额逆推流转税，王新红和云佳（2014）在研究“营改增”对交通运输业税负的影响时，采用统一的7%的城建税税率进行逆推流转税，根据规定，城建税是按照实际缴纳的增值税、营业税和消费税之和乘以城建税税率来计算的。不过由于不同地区的城建税税率存在较大差异，统一使用城建税税率的做法可能无法准确估计企业实缴流转税，此外，也未分离出消费税的影响。

与城建税逆推思想类似，我们拟以教育费附加税项为主要方式进行倒推。按照税法规定，教育费附加税率相对统一，其中中央征缴比例为流转税的3%，地方教育费附加为1%或2%。我们通过国泰安数据库（CSMAR）提供的营业税金及附加项目找到本年缴纳的教育费附加及其税率，由于部分企业教育费附加和地方教育费附加没有分开列报，我们按照企业年报“税项”明细中列报的教育费附加税率进行计算，而对于教育费附加及其税率缺失的企业，我们将采取以下辅助策略：（1）若企业年报中分开公布教育费附加和地方教育费附加的，按照流转税的3%税率计算；（2）若企业年报中没有明确区分教育费附加和地方教育费附加的，根据企业年报“税项”明细的对应税种的税率，计算流转税额；（3）如果“税项”明细中未列示教育费附加和地方教育费附加的税率，在2011年之前，通常税率为3%，部分地区为4%、4.5%、5%，在2011年之后，按照通常的5%税率计算①；（4）如果教育费附加或税率难以确定，而城市维护建设税及其税率列示又较为清晰，则以其辅助推算企业本年度实际缴纳的流转税金额；（5）如果企业在样本期内不属于“营改增”对象，且主营行业较为单一，如金融业，则以营业税额表征实际发生的流转税额。此外，还需要手工整理企业年报详细披露的“营业税

① 《关于统一地方教育附加政策有关问题的通知》（财综［2010］98号）规定，自2010年12月1日起，地方教育费附加税率由1%提高至2%。

金及附加”明细，对企业本年度缴纳的营业税和消费税的列报[①]，通过教育费附加逆推的流转税减去“营业税”“消费税”税目，即可准确估计企业年度实缴增值税金额。因此，我们采用教育费附加逆推的流转税减去消费税金额，然而以其占营业收入的比重作为衡量“营改增”减税效应的主要指标。

3.4.3 企业专业化分工的度量

关于专业化分工的文献多来自产业经济学和国际贸易领域，非常缺乏从微观层面研究税制改革对企业专业化分工影响的文献。对分工效应的考察，其实质是研究在“营改增”的政策调整下，如何确定企业最优生产边界问题。对企业而言，一体化和专业化是确定企业边界的两端，这一改革势必会影响到企业经营方式的调整。关于企业一体化程度的度量，最早具有代表性并被广泛采用的是由阿戴尔曼（1955）提出的价值增值法（VAS），其以企业不同产业链上的增加值占销售收入的份额来衡量一体化程度，VAS 的理由是当企业纵向一体化程度提高时，就会增加对上下游企业的外部需求。

但是，VAS 衡量一体化也受到了两方面的挑战：一是容易将企业盈利能力差异误读为纵向度差异（王瑜和綦好东，2015），如生产笔记本电脑的两家企业分别同时拥有两种不同的配件生产，如果两家企业的笔记本电脑售价相同，但是在配件销售上价格存在差异，那么配件销售收入高的企业的一体化程度就会高于另一家企业，但实际上两家企业的一体化程度是相同的；二是对企业所处的产业链位置的敏感性不足，一般地，处于产业链低端位置的企业由于技术含量较低，中间投入比重较高，在市场贸易中获得的增加值比例就比较低，从此角度来看其一体化程度显然会低于处于产业链高端的企业。事实上，这些因素都不能体现企业一体化程度的高低。

---

① 只有涉及消费税征收范围（如烟、酒、化妆品、成品油、汽车轮胎等消费品）的企业才缴纳消费税，如果“营业税金及附加”明细中未列明消费税金额，则视为不需缴纳消费税。

基于此，巴泽尔（Buzzell，1983）在对PIMS项目的研究中提出了修正的价值增值法，较好地回避了传统VAS方法受利润率影响的缺陷，该指标反映了企业得到的正常回报。具体而言，其衡量公式如下：

$$修正VAS=\frac{增加值-税后净利润+正常利润}{主营业务收入-税后净利润+正常利润}=\frac{增加值-税后净利润+净资产\times平均净资产收益率}{主营业务收入-税后净利润+净资产\times平均净资产收益率} \tag{3.4}$$

其中，净资产=资产总计-负债总计+少数股权收益，平均净资产收益率为不同行业历年来的净资产收益率的平均值①；由于上市公司年度报表中未列报企业的年度增加值和正常利润，因此，借鉴王瑜和綦好东（2015）等人的方法，企业增加值使用销售额与采购额之差表示，正常利润使用企业净资产与行业净资产收益率的乘积表示，因为行业净资产收益率能够较好地反映企业如果把资源放于相同风险的事业所能得到的正常回报，比较切实地反映企业的机会成本。采购额的计算公式为：

$$\begin{aligned}采购额=&(购买商品、接受劳务支付的现金支出+期初预付款\\&-期末预付款+期末应付款-期初应付款+期末应付票据\\&-期初应付票据)/(1+采购商品的增值税税率)\\&+期初存货-期末存货\end{aligned} \tag{3.5}$$

此外，以公式（3.4）为测算基础，作出以下指标选择和数据处理：（1）选择主营业务收入而非营业收入作为企业的销售额，这是因为对于上市公司而言，相当比例的企业属于多元化经营模式，会涉及除纵向产业链以外的业务，因此，对这部分业务收入进行剔除；（2）选择企业税后净利润作为企业价值的衡量指标，而非企业税前利润，这是因为毛利率指标有低估企业价值的缺陷。除主营业务收入数据来自历年企业年报的手工整理外，其他相关指标均来自同花顺数据库。

① 我们采取的是扣除非经常损益后的净利润与期末净资产的百分比，该指标静态地反映了企业净资产创造利润的能力。

与价值增值法测算企业纵向一体化的研究思路不同，高特（1962）提出了主辅分离法测算企业纵向一体化，其基本思想是将企业主营业务和辅助业务进行区分，考察辅助业务在企业总体资产或收入中的份额变化，如果辅助业务占比越高，则纵向一体化程度越深，其难点在于数据的收集以及主辅业务范围的准确界定。此外，由马迪根（Maddigan，1981）提出的投入产出表法，通过衡量企业在各产业市场份额与各产业间的投入产出关系反映企业的一体化程度。不过其适用条件较为局限，主要适用于生产集中于同一行业的厂商，同时也忽视了产业中厂商规模和厂商数量的影响（Caves and Bradburd，1988）。张杰等（2007）利用江苏省制造业企业的调查问卷中的“贵公司主要供应商数量”作为企业分工程度的度量指标，李青原和唐建新（2010）基于2003年世界银行与中国统计局合作的投资气氛调查项目中的“企业运用内部生产部件的价值比率”作为企业纵向一体化程度的度量指标，不过由于问卷调查的特殊性原因，他们的做法很难在企业边界问题研究上广泛采用。

综合各度量方法的优缺点来看，我们以巴泽尔（Buzzell，1983）提出的修正的价值增值法作为衡量企业专业化分工的逆向指标，以价值增值法和主辅分离法作为稳健性检验方法之一。根据企业专业化分工的特点以及主辅分离法的基本思想，以主营业务收入占营业收入的比重、以单位行业的主营业务收入（主营业务收入/主营行业数）作为检验企业专业化分工的另外两种替代度量方法。一般而言，企业专业化程度越高，越可能分离出企业的辅助业务，主营业务份额越高；由于专注于主营业务，单位行业的主营业务收入份额就会相应增加。

3.4.4 数据说明

本章使用的样本是2009～2014年中国上市公司数据。试点期间，试点范围的逐步扩大，为我们的政策识别造成一定困扰。例如，2012年8月1日起，“营改增”试点行业从上海市扩大至其他八省市，其中北京开始时间为2012年9月1日，江苏、安徽为2012年10月1日，福建、广东为 2012 年 11 月 1 日，天津、浙江、湖北为 2012 年 12 月 1 日。本书在研究中对此统一以 2012 年作为改革开始日期，定义 2012 年及以后的年份为处理组。

根据研究需要，对关键变量及控制变量进行以下筛选处理：（1）排除企业主营业务发生重大变更前的样本。考虑到企业所属主营行业如果发生重大变更，会对企业行业属性判别产生干扰，进而干扰政策评估的准确性，因此需要对企业主营业务行业变更之前的样本进行删除，这样的样本共计 53 个，具体如表 3.2 所示；（2）删除企业实际税负［（营业税＋实缴增值税）/营业收入］大于等于 1 或小于等于 0 的样本，共 287 个样本；（3）剔除盈利能力大于等于 1 或小于等于－1 的样本，共计 5 个样本；（4）删除资产负债率大于 2 或小于 0 的样本，共计 11 个；（5）在分工效应研究框架下，剔除企业专业化分工缺失或偏离合理值域（0，1）的样本，共 673 个样本。税负及专业化分工测算过程来自历年企业财务报表、同花顺数据库及 CSMAR 数据库，其他指标来自 Wind 数据库。

表 3.2　　服务业上市公司主营业务变更样本处理

股票简称	所属主营行业	变更前主营行业	变更年份
中国天楹	生态保护和环境治理	通信及相关设备制造	2014
渤海租赁	租赁	工程施工	2011
山东路桥	土木工程建筑	粘胶短纤维、粘胶长丝等	2012
神州信息	软件和信息技术服务	电子产品	2013
湖北广电	广播、电视、电影和影视录音制作	汽车塑料零部件制造	2012
北京文化	广播、电视、电影和影视录音制作	旅游业	2014
*ST 星美	批发和零售	样本期间无主营业务	2009
中钢国际	土木工程建筑	石墨电极	2014

续表

股票简称	所属主营行业	变更前主营行业	变更年份
长城影视	广播、电视、电影和影视录音制作	五金制造	2014
印纪传媒	商务服务	食品加工业	2014
游族网络	软件和信息技术服务	制伞业	2013
金磊股份	广播、电视、电影和影视录音制作	耐火材料制造	2014
南江 B	房地产	棉纱平布及合成丝销售	2012
象屿股份	道路运输	电子产品销售	2011

表 3.3 给出了本章主要变量的描述性统计结果。可以看出，企业税负［(营业税 + 增值税)/营业收入］的均值为 0.037，这一水平整体上较低，没有预期的那么高。这说明服务业在“营改增”之后，虽然实行了较高的名义增值税税率（6%），但是实际增值税税负水平与改革前营业税名义税率（3% 和 5%）大致保持不变。不过也可以看出，企业税负也没有显著的下降。此外，还应警惕的是，由于增值税是对销售额征收，即使不盈利，也要征税，那么在经济不景气的背景下企业的税负痛感就会更加明显。

表 3.3　　主要变量描述性统计

变量	样本数	均值	标准差	最小值	最大值
税负	4026	0.037	0.027	0.0001	0.445
一体化程度	3237	0.456	0.255	0.001	1.000
产业互联度	4026	0.037	0.030	0.005	0.104
营改增	4026	0.152	0.359	0.000	1.000
企业规模	4026	12.933	1.830	7.309	21.446

续表

变量	样本数	均值	标准差	最小值	最大值
企业年龄	4026	16.926	5.303	1.000	36.000
资产负债率	4013	0.510	0.246	0.010	1.818
盈利能力	4026	0.046	0.063	-0.865	0.707
固定资产比率	4026	0.152	0.183	0.000	0.971

以公式（3.4）测度企业一体化程度，作为分工程度的逆向指标，一体化程度越高，则分工越低，中间投入越少，反之则分工越高。发现企业的平均分工程度为54.4%，标准差为0.255，这就说明企业之间的组织生产方式存在非常大的差异，有的企业偏向于一体化甚至完全一体化的方式，有的则偏向于专业化分工的方式。表3.3还表明了其他关键变量和控制变量的描述性统计结果。

3.5 “营改增”的减税效应

以“营改增”企业为处理组，以样本期间一直是营业税的企业为对照组，利用双重差分方法评估无任何限定条件下“营改增”对企业税负的影响。为了避免回归过程中存在的标准误低估而产生的显著性高估问题，以下所有回归中均在企业层面进行聚类标准误。表3.4第（1）列结果显示，“营改增”系数显著为负，这似乎意味着“营改增”改革从总体上显著降低了企业税负，但是，在引入影响企业税负的其他潜在因素后，从第（2）列结果可以看出，“营改增”系数仅在10%水平上显著为负。这与我们上文的分析是一致的，即“营改增”平均意义上对减轻企业税负的效果非常弱，因为抵扣链条并不完整。

表 3.4　“营改增”对企业税负的影响

变量	税负 =（营业税 + 实缴增值税）/营业收入				所得税费用/营业收入	所得税费用/利润总额
	(1)	(2)	(3)	(4)	(5)	(6)
产业互联 × 营改增			-0.270*** (0.096)		-0.053 (0.170)	-0.129 (0.405)
产业互联			0.293 (0.196)		0.513 (0.327)	1.043 (0.923)
产业互联 2 × 营改增				-0.212*** (0.083)		
产业互联 2				0.312 (0.215)		
营改增	-0.004*** (0.001)	-0.002* (0.001)	0.013** (0.006)	0.005 (0.003)	-0.002 (0.011)	-0.006 (0.024)
企业规模		-0.002 (0.002)	-0.003 (0.002)	-0.003 (0.002)	0.013*** (0.003)	-0.018** (0.007)
企业年龄		-0.078 (0.049)	-0.079 (0.049)	-0.079 (0.049)	-0.004* (0.003)	-0.012 (0.007)
资产负债率		0.001 (0.005)	0.002 (0.005)	0.002 (0.005)	-0.015 (0.011)	0.050** (0.020)

续表

变量	税负 =（营业税 + 实缴增值税）/营业收入				所得税费用/营业收入	所得税费用/利润总额
	(1)	(2)	(3)	(4)	(5)	(6)
盈利能力		0.008 (0.009)	0.007 (0.009)	0.006 (0.009)	0.134*** (0.029)	-0.381*** (0.067)
固定资产比率		-0.002 (0.006)	-0.002 (0.006)	-0.002 (0.006)	-0.008 (0.008)	0.009 (0.031)
常数	0.038*** (0.001)	1.392* (0.835)	1.400* (0.827)	1.398* (0.827)	-0.074 (0.062)	0.585*** (0.147)
控制变量	yes	yes	yes	yes	yes	yes
企业固定效应	yes	yes	yes	yes	yes	yes
省份—年份效应	yes	yes	yes	yes	yes	yes
Within R^2	0.038	0.078	0.081	0.081	0.109	0.097
样本数	4026	4013	4013	4013	4048	3896

注：*、** 和 *** 分别表示 10%、5% 和 1% 的显著性水平，括号内为标准误。

根据上面的理论分析，“营改增”的减税效应能否有效实现，可能会受到两方面因素的制约：一是，上游企业是否属于增值税企业；二是，是否与上游企业具备足够的关联。基于此，我们拟从企业的产业互联度角度，利用三重差分方法研究“营改增”的税负效应。表 3.4 第（3）列报告了产业互联作用下的回归结果，结果显示，产业互联与“营改增”的交互项在 1% 水平上显著为负，同时“营改增”的水平效应显著为正。这就说明产业互联度是决定“营改增”减税目标能否实现的关键，只有具备产业互联的试点企业，才能体现减税效应，且产业互联程度越高的企业，减税效应越明显。同时，也表明“营改增”对企业税负的影响不可一概而论，取决于对上游企业的加权进项税程度，如果忽视了产业互联的作用，将很可能产生错误的估计。此外，考虑到部分行业对服务业的中间投入份额过少，本书将 5% 作为与上游行业关联程度的“门槛”，如果中间投入比例低于 5%，则认为与上游行业关联度不足，对此排除这部分中间投入的加权，重新测算有基本关联的产业互联度。回归（4）结果显示，产业互联与“营改增”的交互项系数依然显著为负，说明产业关联的度量并不影响本章的结论。

当然，我们还需要排除这样一种巧合的影响，即可能企业进入了税负下降的通道，同时刚好这些行业又被选为“营改增”行业，这样我们在前面回归中看到的结果就是一种虚假回归。为了排除这种巧合，我们以所得税税负作为反事实检验，理论上来说，“营改增”改革会直接影响到企业的流转税税负，但不会对所得税税负产生影响，因为这段时间内一般企业的法定所得税税率一直维持在 25%。在第 5 个回归中，我们采用所得税费用除以营业收入作为所得税税负的度量，可以看出所得税税负并没有明显的变化，说明我们前述结果并不是一种巧合。考虑到“营改增”可能影响企业的营业状况，进而影响到营业利润，我们在第 6 个回归中，采用利润总额作为分母，重新计算所得税税负，结果依然不显著，说明没有证据表明“营改增”能够显著降低企业的所得税税负。

表 3.4 从多维度证实了“营改增”具有平均意义上的减税效应，考虑到“营改增”改革分别从行业试点和地区试点逐步展开的特点，这就有

可能造成部分试点企业增值税链条不完整，随着试点范围的扩大，增值税链条在样本后期逐渐走向相对完整，这就会直接影响到试点企业的进项抵扣，进而关系到“营改增”的减税效应的动态变化。为了估计“营改增”对减税的动态效应，需要定义三个虚拟变量，即如果是 2012 年开始试点的企业，则该变量取值为 1，其他年份取值为 0；类似地，如果企业是在 2014 年才开始实施“营改增”的企业，则该企业对应的虚拟变量取值为 1，其他年份为 0，营业税行业对应的所有虚拟变量均取值为 0。

图 3.4 列示了“营改增”动态减税效应的一般趋势，结果显示，2012 年试点企业和 2013 年试点企业的“营改增 × 产业互联”系数分别在 20% 和 15% 的水平上显著为负，而 2014 年试点企业的这一交互项系数在 1% 水平上显著为负。同时，交互项系数的绝对值呈增加趋势，这就表明随着试点范围的扩大，企业的减税效应不断凸显，说明从“营改增”的长期性来看，对企业的减税效应是值得肯定的。同时也意味着实施“分步式”的改革策略降低了企业的产业关联度，从而削弱了“一次性”改革策略的减税效应，特别地，在改革初期，这一减税效应并不明朗。

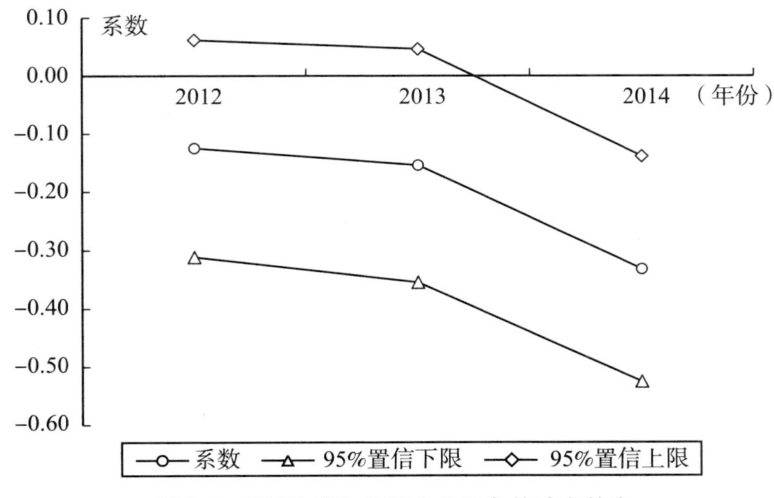

图 3.4 “营改增”影响企业税负的动态效应

运用双重差分或者三重差分方法研究“营改增”企业税免效应的一个

前提是处理组和对照组是否满足共同趋势假说，如果这个前提不满足，则回归结果就存在高估的可能性。为了检验共同趋势假说，我们这里采用假想实验的方法。由于真实的政策变动发生在 2012 ~ 2014 年，我们不能用 2012 ~ 2014 年的子样本，而只能用 2009 ~ 2011 年的子样本检验共同趋势假说是否成立。我们假设真实政策变动前的两年到一年的时间里实施了“营改增”改革，即假设政策改革发生在 2010 年，则“假想改革年份”变量定义 2010 年及之后为 1，2010 年之前为 0；类似地，可假定政策变革发生在 2011 年的情况。表 3. 5 分别报告了假设政策变动发生在 2010 年和 2011 年的检验结果。结果显示三重交互项均不显著，表明共同趋势假说在 2009 ~ 2011 年成立。因此，我们认为共同趋势假说在 2012 ~ 2014 年不成立的可能很小。

表 3. 5　减税效应的稳健性检验（一）：共同趋势假说

变量	2010 年改革	2011 年改革
产业互联 × 试点行业 × 假想改革年份	-0. 075 (0. 123)	-0. 012 (0. 110)
产业互联 × 假想改革年份	-0. 007 (0. 032)	-0. 046 (0. 034)
试点行业 × 假想改革年份	0. 004 (0. 006)	-0. 002 (0. 006)
假想改革年份	0. 175 *** (0. 057)	0. 177 *** (0. 057)
企业规模	-0. 005 * (0. 003)	-0. 005 * (0. 003)
企业年龄	-0. 163 *** (0. 057)	-0. 162 *** (0. 054)
资产负债率	0. 003 (0. 009)	0. 002 (0. 009)
盈利能力	-0. 018 (0. 014)	-0. 022 (0. 014)

续表

变量	2010 年改革	2011 年改革
固定资产比率	-0.009 (0.011)	-0.009 (0.011)
常数	2.443*** (0.828)	2.567*** (0.841)
企业固定效应	yes	yes
省份—年份效应	yes	yes
Within R^2	0.109	0.114
样本数	1892	1892

注：*、** 和 *** 分别表示 10%、5% 和 1% 的显著性水平，括号内为标准误。

在“营改增”的处理组定义中，由于年度内开启试点的月度不一致，特别是试点月份较晚的省份纳入当年的处理组范畴，就可能难以准确评估“营改增”的税负效应。例如福建省、广东省在 2012 年 11 月 1 日才开始试点，天津市、浙江省、湖北省的试点时间为 2012 年 12 月 1 日。基于此，首先重新定义改革变量 *Treat*，这些地区的企业自 2013 年起取值为 1，2009～2012 年取值为 0；然后重新测算这些地区内不同行业的产业互联度 *Wvat*，最后再进行三重差分估计。表 3.6 第一个回归结果显示，“产业互联×营改增”系数依然在 1% 水平上显著为负，证实了基准回归结果的稳健性。

我们还需要排除这样一种可能，当“营改增”税制发生变化时，征税机关也发生了变化，由当时的地税局转向国税局。由于不同的征税机关在企业纳税人信息、征税努力程度等方面都可能存在较大的差异，那么征税主体的变化就可能影响到企业的税负变化。在本章的研究中，改革变量（*Treat*）同时捕捉了税制和征管机构的影响。为了更好地区分征管机关对税收征收努力的影响，我们也在稳健性检验中加入地区征税努力变量，地区税收征管的度量借鉴已有文献的通常做法（叶康涛和刘行，2011），以地区实际税收收入与估算的税收收入之比表示①。表 3.6 第二个回归结果显示，征管机关征税努力的变化并不影响研究结论。

表 3.6　　减税效应的稳健性检验（二）

变量	敏感性分析	税收征管	非税收优惠	服务业	流转税/营业收入
	(1)	(2)	(3)	(4)	(5)
产业互联×营改增	-0.285*** (0.093)	-0.270*** (0.097)	-0.288*** (0.106)	-0.296*** (0.100)	-0.266*** (0.095)
产业互联	0.257 (0.189)	0.293 (0.196)	0.232 (0.208)	0.356* (0.216)	0.303 (0.201)
营改增	0.014** (0.006)	0.013** (0.006)	0.016** (0.007)	0.015** (0.006)	0.013** (0.006)
税收征管		-0.058 (0.058)			
企业规模	-0.003 (0.002)	-0.003 (0.002)	-0.002 (0.002)	-0.003 (0.002)	-0.003 (0.002)
企业年龄	-0.079 (0.049)	-0.079 (0.049)	-0.080 (0.049)	-0.079 (0.053)	-0.066 (0.045)
资产负债率	0.002 (0.005)	0.002 (0.005)	0.000 (0.005)	0.002 (0.005)	0.002 (0.005)
盈利能力	0.007 (0.009)	0.007 (0.009)	0.008 (0.010)	0.006 (0.010)	0.006 (0.010)
固定资产比率	-0.002 (0.006)	-0.002 (0.006)	0.001 (0.007)	-0.004 (0.007)	-0.002 (0.006)
常数	1.525* (0.903)	1.581* (0.908)	1.486* (0.880)	1.530 (0.993)	1.286 (0.821)

① 公式表示为 $TE_{it} = T\_GDP_{it}/T\_GDP\_EST_{it}$，其中预期税收收入（$T\_GDP\_EST$）由 Xu 等（2011）的模型拟合得到：$T\_GDP_{it} = \beta_0 + \beta_1 IND1_{it}/GDP_{it} + \beta_2 IND2_{it}/GDP_{it} + \beta_3 OPEN_{it}/GDP_{it} + \varepsilon$，其中 T_GDP_{it} 表示各地区年末实际税收收入占 GDP 的比重，$IND1_{it}$、$IND2_{it}$、$OPEN_{it}$ 分别表示各地区年末第一产业产值、第二产业产值以及进出口总额。

续表

变量	敏感性分析	税收征管	非税收优惠	服务业	流转税/营业收入
	(1)	(2)	(3)	(4)	(5)
企业固定效应	yes	yes	yes	yes	yes
省份—年份效应	yes	yes	yes	yes	yes
Within R^2	0.081	0.081	0.093	0.084	0.074
样本数（个）	4013	4013	3361	3689	4014

注：*、** 和 *** 分别表示 10%、5% 和 1% 的显著性水平，括号内为标准误。

我们还需要排除其他税制改革的干扰，即上述发现的企业减税效应是“营改增”产生的，而不是由其他政策变动导致的。2008 年新实施的《企业所得税法》，将内外资企业所得税税率统一为 25%，但是考虑到部分地区原有的所得税优惠政策，新法制定了一个缓冲政策，允许厦门、汕头、珠海、深圳、海南五省市内的所有企业在 5 年内逐步过渡到 25%，即 2008 ~ 2012 年为过渡期，这刚好与“营改增”的政策试点窗口存在一定的重叠。新《企业所得税法》的实施，相当于剥夺了其所得税税收优惠政策，这就可能会降低企业的税后净利润，进而影响到企业下期的进项采购或设备投资等，从而可能会部分冲销“营改增”的减税效应。而对于原来没有享受税收优惠的企业而言，在样本时期内，一直执行 25% 的所得税税率，因此不会受到企业所得税税率调整的冲击。我们在表 3.6 第 3 个回归中以原来未享有税收优惠城市的企业为研究对象，检验这些企业是否显著存在“营改增”的减税效应，从回归结果来看，“产业互联 × 营改增”系数依然 1% 水平上显著为负，且系数绝对值要高于表 3.4 第（3）列基准回归结果，这就说明企业所得税改革确实部分冲销了原税收优惠城市辖区内的试点企业的减税效应，相当于比非税收优惠地区的试点企业的总体减税效应低 6.25% [(0.270 - 0.288)/0.288]，但是这并不能左右“营改增”减税效应的总体结论。

此外，我们还对回归结果进行了如下的稳健性检验。我们重新定义了服务业的划分标准。在基准回归结果中，对照组不仅包括非生产性服务业，而且还有建筑业，由于行业之间的差异，不同行业之间购入商品或劳务服务的进项需求的差距较大。例如，建筑业的加权增值税率较大，但其属于营业税行业，如果对照组中建筑业的税负较大，就可能高估“营改增”改革的减税效应。基于此，我们排除了建筑业的样本，仅保留第三产业，发现将对照组限定在服务业不影响结论的可靠性。

企业税负的准确衡量是评估“营改增”改革效应的重要前提，基于稳健性考虑，借鉴陈钊和王旸（2016）的做法，以企业流转税占营业收入的比重衡量企业税负，最后一列回归结果显示，“产业互联 × 营改增”在1%水平上显著为负，进一步证实了在产业互联的作用下，显著存在“营改增”的减税效应。

3.6 “营改增”的分工效应与进一步的拓展

3.6.1 分工效应

在所有的流转税税种中，增值税被认为是最有利于推进社会分工、调整产业结构的税种（黄运，2013；陈钊和王旸，2016）。这主要归因于增值税并不是对商品和劳务生产以及流通各环节的价值全额征税，而是就每环节实现的价值增值部分课税，这样有利于税负的中性原则。因此，在2012年“营改增”之后，服务业企业的分工效应就值得关注。

如前所述，在已有的经验研究中，关于企业专业化分工的研究非常缺乏，与企业分工直接相关的就是企业边界问题的研究。基于此，我们以巴泽尔（1983）提出的修正的价值增值法衡量企业纵向一体化程度，作为检验企业专业化分工的逆向指标，如果“营改增”改革不利于企业纵向一体化，那么可认为有助于促进企业专业化分工。值得说明的是，关于企业增加值的计算，需要以采购商品的增值税税率为基础，然而企业年度报表中并没有列报，这就给本章结论的准确性造成一定困扰。因此，我们拟以当时增值税税率的最高值 17% 作为一般性假定，这样处理的好处是估计了企业的专业化分工的下限，如果在低估的情况下，也显著存在“营改增”改革的分工效应，那么就可以认为结论是稳健的。当然，为了进一步佐证，我们也对采购商品的其他增值税率取值进行稳健性检验。

在双重差分的研究框架下，表 3.7 第 1 个回归考察了“营改增”对企业专业化分工的影响。在控制资本密集度等企业特征、省份—时间效应及个体效应并聚类企业后，结果显示，“营改增”对专业化分工的影响为负，但不显著，且回归系数很小，这就表明如果不考虑产业互联的交互作用，“营改增”对企业专业化分工的推动作用非常有限。考虑到企业的产业互联程度可能会对专业化分工产生直接影响，因此，我们进一步考察在产业互联的前提下的分工效应。表 3.7 第（2）列交互项系数表明，如果试点企业的产业互联度越高，则“营改增”显著推动企业专业化分工发展。进一步地，以上游行业 5% 的中间投入比例为行业关联程度的下限，检验有足够行业关联企业的分工效应。表 3.7 第（3）列结果显示，“产业互联 2 × 营改增”系数不仅较之第 2 个回归的统计显著性提高，且对分工效应的影响程度更大。进一步证实了企业的产业互联程度是决定“营改增”的分工效应的关键因素，且产业互联程度越高，分工效应越显著。

表 3.7　“营改增”对企业专业化分工的影响

变量	全样本	全样本	全样本	上海 + 八省市	“1 + 6” 行业	13% 税率	0 税率
产业互联 1 × 营改增		− 1.705** (0.836)					
产业互联 1		0.949 (1.496)					
产业互联 2 × 营改增			− 2.017*** (0.676)	− 2.865*** (0.921)	− 2.836*** (0.825)	− 2.030*** (0.695)	− 2.080*** (0.774)
产业互联 2			0.363 (1.448)	2.590 (1.796)	1.464 (1.632)	0.201 (1.473)	− 0.417 (1.599)

续表

变量	全样本	全样本	全样本	上海 + 八省市	"1 +6" 行业	13%税率	0 税率
"营改增"	-0.012 (0.011)	0.091* (0.052)	0.064** (0.028)	0.102** (0.041)	0.101*** (0.036)	0.064** (0.029)	0.062* (0.032)
企业规模	0.000 (0.016)	-0.001 (0.016)	-0.003 (0.016)	-0.012 (0.019)	-0.003 (0.016)	-0.005 (0.016)	-0.016 (0.017)
企业年龄	-0.038 (0.154)	-0.053 (0.151)	-0.056 (0.149)	0.015 (0.205)	-0.060 (0.151)	-0.052 (0.151)	-0.034 (0.161)
盈利能力	-0.224 (0.146)	-0.223 (0.145)	-0.226 (0.143)	-0.235 (0.196)	-0.243 (0.153)	-0.232 (0.142)	-0.256* (0.140)
固定资产比率	0.053 (0.067)	0.053 (0.066)	0.050 (0.065)	0.080 (0.075)	0.023 (0.066)	0.057 (0.067)	0.082 (0.072)
常数	1.063 (2.502)	1.285 (2.445)	1.385 (2.420)	0.297 (3.371)	1.407 (2.390)	1.327 (2.455)	1.104 (2.615)
控制变量	yes	yes	yes	yes	yes	yes	yes
企业固定效应	yes	yes	yes	yes	yes	yes	yes
省份—年份效应	yes	yes	yes	yes	yes	yes	yes
Within R^2	0.066	0.068	0.071	0.037	0.077	0.072	0.075
样本数	3237	3237	3237	2330	3083	3237	3237

注：*、** 和 *** 分别表示 10%、5% 和 1% 的显著性水平，括号内为标准误。

不同地区、不同行业试点时间、试点范围差异较大，"分步式"的推进策略就可能会产生显著的分工效应差异。基于此，我们将在表 3.7 第（3）列的基础上，分别从地区试点和行业试点两个维度进行检验。首先，考虑到上海、北京等八省市是最早进行"营改增"试点的地区，以该地区的试点企业（"1 +6"行业）为研究对象，发现这一分工效应显著高于总体水平，表明试点时间越早的地区，分工效应越成熟。其次，考虑到铁路、邮政和电信业于 2014 年才纳入"营改增"行业，而分工效应的发挥可能需要一定的时间进行调整，基于此，我们排除了2014年刚纳入试点范围的样本进行检验，以最早进行试点的“1+6”行业为研究对象，结果显示，与地区的分工效应特征基本一致，越早进行试点的行业，其分工效应越显著。这一发现不仅为“营改增”的全面展开带来的分工价值提供了重要的经验依据，同时，也佐证了“分步式”的改革策略一定程度上减弱了改革的总体分工效应。

由于研究对象涉及不同行业的上市公司，如果采用统一的17%的采购商品增值税税率，就很可能高估企业的增加值比例。因此，在表3.7最后两列，分别以13%的增值税税率和0税率作为替代性检验。研究发现，结论与基准回归高度一致，且商品采购的实际增值税税率越低，这一分工效应越显著。这也与预期一致，证实了以17%的采购商品增值税税率作为分析的基础，不会引起“营改增”分工效应的高估。

修正的VAS法相比较传统的VAS法衡量企业一体化程度有了较大程度的改进，避免了利润率与一体化之间的混淆。但是，也不能排除度量方式在选择过程中的主观性因素对结论的干扰。对此，为了降低对企业专业化分工度量的可能偏差，我们采取其他度量方法作为稳健性测试。首先，以阿德曼（1955）提出的价值增值法度量企业纵向一体化的指标，即以企业增加值占主营业务收入的比重衡量。表3.8前两列估计结果显示，一致地支持修正的VAS方法的研究结论。

表3.8 分工效应的稳健性检验

变量	价值增值法		主营业务收入/营业收入		主营业务收入/主营行业数	
	(1)	(2)	(3)	(4)	(5)	(6)
产业互联×营改增		-2.640** (1.234)		0.283** (0.128)		5.516** (2.480)
产业互联		2.751 (2.660)		-0.268 (0.201)		-8.584 (5.528)
营改增	0.003 (0.017)	0.160** (0.078)	0.000 (0.001)	-0.017** (0.008)	0.213*** (0.042)	-0.106 (0.153)

续表

变量	价值增值法		主营业务收入/营业收入		主营业务收入/主营行业数	
	(1)	(2)	(3)	(4)	(5)	(6)
控制变量	yes	yes	yes	yes	yes	yes
企业固定效应	yes	yes	yes	yes	yes	yes
省份—年份效应	yes	yes	yes	yes	yes	yes
Within R^2	0. 064	0. 065	0. 073	0. 074	0. 506	0. 508
样本数	3783	3783	3877	3877	3498	3498

注：* 、** 和 *** 分别表示 10% 、5% 和 1% 的显著性水平，括号内为标准误。

其次，在高特（1962）提出主辅分离法的研究思路下，我们进一步从企业主营业务收入变化的角度进行检验。一般而言，如果在“营改增”后，企业的主营业务收入占营业收入的比重显著提高，那么就可认为是“营改增”改革推动了企业集中精力发展主营业务，分离辅助业务，进而有利于企业专业化分工。通过财务报表中披露的企业主营业务收入合计及营业收入数据，以主营业务收入占营业收入的比重为因变量，检验结果稳健地支持“营改增”的分工效应及其约束条件。

最后，考虑到上市公司从事主营行业的数量存在较大差异，且在时间趋势上也可能发生较大变化，因此，根据企业年度报表披露的主营行业收入及其主营行业数，确定企业单位主营行业下的主营业务收入，并取其自然对数作为企业专业化分工另一度量指标。研究发现，“营改增”对企业专业化分工的促进作用的基本结论没有发生实质性变化。

综合来看，基于不同专业化分工度量方式的检验，均一致地支持产业互联是推动“营改增”分工效应的关键因素，且产业互联度越高，分工效应越突出。

3.6.2 进一步拓展

在“营改增”之前，服务业企业缴纳的是营业税，营业税发票并不能用来抵扣流转税，仅能在缴纳企业所得税时作为税前扣除项扣除，并且服务业企业当时都属于地税局征管，地税系统的属地管理性质会严重影响企业的跨地区经营。在“营改增”之后，由于企业具备了开具增值税发票的资格，对于省外（区域外）的制造业或增值税服务业而言，相对于没有增值税资格的企业，即使增加了部分运输成本，也可能愿意向省外增值税企业购买商品或劳务服务，这是因为从其他区域能够获得进项抵扣，有助于带来较大幅度的成本降低；此外，服务业企业在“营改增”之后，其征管机构转为国税局，国税局的垂直管理体系也有利于其跨地区经营。因此，“营改增”后，预期有利于扩大增值税企业的市场空间，进而有利于跨地区企业之间的分工与协作。

我们根据企业年度报表列报的分地区的企业主营业务收入明细，以企业省外（区域外）主营业务收入占主营业务收入合计的比重度量跨地区的分工协作程度，如果在“营改增”后，企业省外收入占比显著提高，则认为“营改增”促进了跨地区的分工与协作。表3.9的结果显示，如果没有考虑产业互联的作用，“营改增”系数不仅在统计意义上不显著，在经济意义上亦不显著，而在产业互联的推动下，“产业互联×营改增”系数在5%水平上显著为正，表明只有在具备产业互联的企业内，改革才有利于推动跨地区的分工与协作，且上下游企业的互联程度越高，推动跨地区的分工作用越明显。

此外，“营改增”还将促使企业更新生产设备，提升技术水平。2009年实施了生产型增值税向消费型增值税的转变，允许制造业企业的设备类固定资产投资的进项税进行抵扣，在“营改增”之前，服务业购进制造业的货物和服务业的劳务服务支出都得不到抵扣，而在“营改增”后，试点企业采购制造业的设备类固定资产就可以获得有效抵扣，这就为推动服务业固定资产加快更新速度提供了有利的税制条件，另外，由于房地产行业尚未纳入“营改增”范围，对房屋及建筑物的投资不能进行抵扣，因此预期对非设备类固定资产投资的影响较小。

我们通过同花顺数据库固定资产明细中对不同类型新增固定资产投资的统计，以新增固定资产投资减去新增房屋及建筑物投资衡量企业新增设备类固定资产投资，以新增房屋建筑物投资衡量企业非设备类固定资产投资，二者均以占企业资产总额的比重表示。结果显示，在不考虑产业互联的条件下，“营改增”对企业设备类固定资产投资的影响显著为负，而考虑企业的产业互联程度的条件下，“营改增”能够显著促进企业增加设备类固定资产投资。这就说明只有增值税链条相对完整的企业，其才能够享受到“营改增”带来的抵扣实惠进而推动这部分企业进行设备类固定资产的投资。而非设备类固定资产投资，由于增值税进项抵扣的缺失，因此不受“营改增”的影响，这恰好可以作为设备类固定资产投资的效应的反事实检验，表 3.9 最后一列回归也证实了本章的结论，总体上“营改增”能够促使企业改进生产设备，但该效应并不是其投资行为导致的。

表 3.9　　“营改增”对跨地区分工协作及企业投资的影响

变量	省外主营收入占比		设备类固定资产投资		非设备类固定资产投资	
	(1)	(2)	(3)	(4)	(5)	(6)
产业互联 × 营改增		2.609 ** (1.321)		0.472 ** (0.204)		0.199 (0.259)
产业互联	-0.005 (0.018)	-0.158 * (0.083)		-0.753 ** (0.341)		-0.236 (0.379)
营改增		-2.869 (2.013)	-0.007 ** (0.003)	-0.034 *** (0.013)	0.003 (0.003)	-0.008 (0.016)
控制变量	yes	yes	yes	yes	yes	yes
企业固定效应	yes	yes	yes	yes	yes	yes
省份—年份效应	yes	yes	yes	yes	yes	yes
Within R^2	0.035	0.039	0.188	0.190	0.589	0.589
样本数	2424	2424	3780	3780	2943	2943

注：*、** 和 *** 分别表示 10%、5% 和 1% 的显著性水平，括号内为标准误。

3.7 小结

“营改增”改革是我国新一轮税制改革的重要举措，社会各界对此轮改革带来的减负、分工深化，进而推动产业结构优化与刺激经济增长寄予了厚望。然而，由于产业间的复杂性、税率设置、改革策略等方面的因素，使得“营改增”虽然在总体上产生了有效的作用，但是从微观层面来看就可能对不同企业产生不同的效果。

正是在这样的背景下，本章利用 2012 年中国投入产出表 139 行业的直接消耗系数矩阵与上市公司所属行业进行匹配，以企业所在行业的中间投入与其对应行业的增值税税率的加权水平度量企业的产业互联程度，在此基础上，利用“营改增”改革在不同行业、不同地区逐步扩大试点范围的自然实验机会，采用三重差分方法详细研究了“营改增”改革对企业税负和专业化分工的影响。研究发现，“营改增”的减税效应和分工效应显著取决于企业的产业互联程度和上游企业的增值税税率，只有在具备产业互联的企业内，才具有减税效应和分工效应，且产业互联程度越高，改革效应越突出。然而，如果不考虑企业的产业互联，“营改增”的减税效应和分工效应均不显著。我们还发现，无论是分地区还是分行业的“分步式”的改革策略，均存在一定的政策弊端，削弱了改革的总体效应。经过共同趋势假说、所得税政策冲击、替换度量方式等稳健性测试后，均稳健地支持本章的基本结论。同时，“营改增”还有效推动了企业跨地区的分工与协作，以及促进企业设备类固定资产投资，这也是“营改增”的分工效应和减税效应的具体体现。

本章的研究对服务业发展具有独特的现实意义。首先，在减税方面，我们的研究发现此次改革并不是对所有企业都减少，而仅限定在那些产业关联度较强的服务业，通俗来说，就是要用较多的外购投入要素，同时上游行业是增值税行业的行业。这一发现对“营改增”服务业意义重大。国家在推行“营改增”时，目标是在行业层面上减税，但是我们的研究发现，在行业内部存在巨大的差异，这种差异会导致同一个行业内部一些企业税负下降，但另一些企业的税负却在上升，在行业加总层面上的税负下降掩盖了内部的异质性。部分细分行业和企业税负的上升，与“营改增”的初衷是矛盾的，同时也会对这些细分行业造成负面冲击。因此我们的研究提示，要区分行业内部的异质性，不能完成采用“一刀切”的政策。其次，本章对服务业的另一个的重要意义是产业分工。虽然在政策宣传层面，“营改增”的目标是为了减税，或者说消灭重复征税，但如果仅仅是为了减税，通过降低营业税税率也能达到同样的效果，因为“营改增”对征管体系会有一定负面作用。本章研究发现，“营改增”的终极目标是为了产业分工，理顺产业间的投入产出关系，促进专业化生产和技术进步，进而促进其长期可持续的增长。

第4章

“营改增”对企业出口行为及生产率的影响

4.1 引　言

自2012年1月1日起，我国在上海市的交通运输业和部分现代服务业（“1+6”行业）率先实施了“营改增”试点，标志着新一轮税制改革大幕的开启。随着“营改增”在服务业的全面展开，增值税链条逐渐走向完整，为减轻企业税收负担创造了条件，同时也为深化产业分工塑造了合理的税制环境。因此，税制转换带来的税收优惠就会密切关系到企业的生产经营行为，乃至影响企业的生产效率。在这次税制改革中，同时出台了关于对外贸易的税收优惠政策，这些优惠政策为企业对外贸易规模的扩大提供了直接的税制动力。从政策的发展动机来看，明确并扩大出口退税税收优惠范围，对于提升我国出口贸易质量，激励出口结构由货物贸易向服务贸易转型具有直接意义。据国税总局的有关测算，“营改增”能够带动GDP增长0.5%，拉动出口增长0.7%。另据商务部统计，2013年1~9月我国共签订承接国际服务外包合同金额406.3亿美元，同比增长42.3%，执行金额290.5亿美元，同比增长37.2%（郝晓薇和段义德，2014）。然而，这些资料仅是“营改增”在加总层面上的结果，在微观层面上能否同步产生激励性和异质性的作用，既有文献对此并没有给予清晰的回答。

研究表明，减税能够为扩大出口贸易提供关键的税制动力（Chao et al.，2006；Chandre and Long，2013；Gourdon et al.，2014）。服务业由征收营业税向增值税转变，使得试点的服务业企业外购制造业部门的原材料、机器设备等，以及制造业向服务部门的应税服务需求均得到有效扣除，增值税链条的延伸直接消除了服务业的重复征税问题，这就有利于企业税负的减轻。因此，从这个角度来看，“营改增”这一税制的优化就有助于企业出口行为的深化。郝晓薇和段义德（2014）基于宏观的视角理论分析了“营改增”的效应，认为服务贸易出口退税政策的出台与落实有效促进了出口贸易的发展。但是，也有研究指出，在“营改增”试点过程中，由于税收优惠适用范围较为狭窄、非试点地区无法享有税收优惠、出口退税系统更新不及时等方面的不足严重抑制了“营改增”的改革效果（殷明和叶永清，2013）。因此，“营改增”关于出口税收优惠政策的改革能否有效推动企业出口发展，还需要经过审慎的检验。

理论上，“营改增”这一税收体制改革所直接改变的是服务业的重复征税问题，使得试点企业外购原材料、设备及应税服务都得到了有效扣除，有利于企业税负减轻，同时有利于扩大产业间的分工与协作。然而，税制改革的目的并不局限于此，能否通过结构性减税提高企业资源配置效率，实现效率改进才是税制改革的基本目标。对此，陈晓光（2013）从效率损失的角度，测算并分析了我国产业税制差异对企业全要素生产率损失的影响。李成和张玉霞（2015）从税负转嫁负担角度，考察了企业的减税动机对企业技术效率提升的促进作用。与既有文献的研究机制不同，我们拟从产业关联视角，以企业的减税效应和分工效应为机制，进一步评估“营改增”对企业出口行为及生产率的影响。

具体来说，基于“营改增”在不同地区、不同行业逐步展开的自然实验，利用 2009～2014 年中国上市公司微观数据，以试点地区的交通运输业和部分现代服务业企业为处理组，以非试点的建筑业和其他现代服务业为对照组，然后以 2012 年全国投入产出表细分 139 行业的直接消耗系数矩阵与其对应行业的增值税率测算的产业互联度为基础，利用三重差分方法研究“营改增”对企业的出口行为和生产率的影响。研究发现，在产业互联的作用下，“营改增”显著促进了企业的出口深化，但是对企业的出口宽化作用并不显著。同时，“营改增”显著提升了企业的生产效率，并表现出明显的异质性特征。其中，研发企业和信息技术业的生产率效应表现显著，而补贴企业、国有企业、融资约束企业及交通运输业的表现不显著。

本章的贡献可能表现在以下三个方面：其一，首次定量分析了“营改增”对企业出口行为的影响，填补了这一领域的研究空白，同时丰富了税制改革与企业生产率关系的研究。其二，研究视角的不同。本章尝试从产业互联视角，构建“营改增→减税→出口”“营改增→分工→生产率”的分析框架，揭示“营改增”影响企业出口行为及生产率的作用机制。其三，对深化税制改革产生直接的政策启示，并提供微观证据。例如“营改增”的实施策略、政策边界、出口应税服务范围等方面均有待进一步完善。

本章余下的内容安排如下：第二部分是理论分析与研究假说；第三部分是实证设计；第四部分是“营改增”影响企业出口行为的实证结果及解释；第五部分是“营改增”影响企业生产率的实证结果及解释；第六部分是本章的小结。

4.2 理论分析与研究假说

在“营改增”试点中，出台的与企业出口行为密切相关的税收优惠政策主要体现在两个方面：一是部分应税服务实行零税率和免税政策。2011年出台的《关于应税服务适用增值税零税率和免税政策的通知》详细列明了试点地区的单位和个人提供的国际运输服务、向境外单位提供的研发服务和设计服务（不包括对境内不动产提供的设计服务）适用增值税零税率。而对在境外开展工程勘察勘探、会议展览、仓储、有形动产租赁、技术转让、技术咨询、合同能源管理等服务的试点地区的单位和个人免征增值税。二是对于适用于零税率的应税服务将允许通过免抵退税办法获得增值税退税。由于退税率等于相应的增值税税率，因此向境外提供此类应税服务的进项税额可以全额抵扣，此类产品及服务的出口将以不含税（增值税）的价格出口国际市场。《营业税改征增值税试点地区适用增值税零税率应税服务免抵退税管理办法（暂行）》进一步明确了出口货物免抵退税的计算方法及申请程序。

在营业税体制下，出口劳务以含税价格进入国际市场，但在国内环节负担的税款除部分商品的出口劳务实施营业税免税政策外，均不能得到退还。而在“营改增”后，由于部分现代服务业纳入了试点范围，因此，出口劳务在国内环节负担的税款也能够得到退还，从而将有利于我国企业由货物贸易为主向服务贸易转变和延伸，激励更多的企业参与国际市场竞争。不仅如此，出口税收优惠范围的扩大，势必降低出口企业参与对外贸易的成本，这就有利于增强出口企业的国际竞争力，扩大国外市场份额。黄运（2013）也曾指出，增值税内在链条征税机制决定了其在出口退税方面的独特优势，不仅有利于拓展我国企业出口规模和出口企业数量，也有利于贸易结构向服务贸易转型。按照这一逻辑，“营改增”对企业出口行为的影响不仅可以体现在出口规模的集约增长上，也可以体现在出口倾向的扩展增长上。

进一步地，“营改增”对企业的减税效果也可能会深刻影响到企业的出口绩效。考虑到“营改增”改革不是一次性推开的，而是逐步展开的方式，这就可能对企业税负的影响存在较大的差异。如果企业的进项抵扣非常少，或上游企业缺乏增值税纳税人资格，那么对试点企业而言，无疑会增加企业的纳税负担，企业以较高的含税价格出口国际市场，势必对企业产品竞争优势产生不利影响，进而不利于企业出口行为的扩张。反之，如果企业的中间投入行业大多具有增值税纳税人资格，那么就能有效实现税负转嫁，这就具备了减税的税制动力，这种情况下，企业就可以以较低或不含税的价格参与对外贸易，推动企业出口发展。综合来看，减税效应能否实现就关系到“营改增”对企业出口行为的作用力度，而上游行业的增值税纳税人资格及中间投入比例又是实现减税效应的关键。

减税能否推动出口是判断这一作用机制可靠性的另一重要环节，已有以中国为研究对象的文献较为一致地验证了这一观点。超（2001）利用一般均衡模型发现出口退税不论在长期还是短期内均能促进出口发展。陈等（Chen et al.，2006）基于拓展的古诺竞争模型发现出口退税率提高对国内企业的出口数量及利润率均有显著促进作用，但是对外资企业影响相反。超等（2006）利用CGE模型证实了中国的进口退税（Import Duty Drawback）和增值税退税（VAT Rebate Rate）在推动出口发展方面扮演着重要的角色。钱德和隆（Chandre and Long，2013）基于2000~2006年微观企业数据，利用2004年的准自然实验改革，发现增值税出口退税率每增加1%，企业出口额将增加13%。格洛登等（Gourdon et al.，2014）基于2003~2012年增值税出口退税（VAT Rebates）变化为自然实验，发现出口退税率每提高1%，相应的出口数量就增加7%。这些研究均一致发现出口退税（减税）政策在推动中国出口发展方面发挥重要作用，这就为本章以减税作为“营改增”影响企业出口行为的中间机制提供了重要的经验支撑。

然而，与出口退税率提高带来直接的减税效果不同，不管是扩大部分应税服务零税率和免税的适用范围还是允许免抵退税办法获得增值税退税，这些出口税收优惠政策都是针对特定的行业，不具有普遍的适用性，这就可能仅对部分行业内的企业有效，能否有效提升整体企业的出口行为及绩效值得商榷。据此，本章提出以下假设：

研究假说1：从总体上来看，“营改增”相关出口税收优惠政策的调整对企业出口行为及生产率的激励效果较为有限。

从企业发展视角来看，国内市场与国外市场明显不同，减轻企业税收负担只可能是影响企业决策进入某一行业、某一市场的重要因素之一，但不是决定性因素，这是因为企业出口决策不仅与企业管理文化、发展战略、产品特征密切相关，更取决于出口的预期收益是否大于出口所支付的一系列成本（生产成本、出口关税、机会成本、风险成本等）。因此，从这个角度来看，“营改增”对企业出口倾向的提升空间可能较为局限。基于此，提出以下假设：

研究假说2：只有在足够产业关联的条件下，“营改增”才能显著促进企业出口的深化，但是对企业出口的宽化作用较为乏力。

“营改增”对企业税负及出口绩效的影响与上游行业的增值税纳税人资格及中间投入比例密切相关，这一特点也会影响企业的生产率效应。关于“营改增”对企业生产率的影响机制的讨论，已有文献给出了两种思路。其中，陈晓光（2013）基于效率损失的视角，得出有效增值税率差别是全要素生产率损失的重要原因。李成和张玉霞（2015）从税负转嫁的角度，解释了企业为提高税负转嫁能力而积极寻求生产率的提升。除此两种路径外，我们认为，分工也是“营改增”影响生产率的潜在机制。本书第3章的研究设计和结论发现，在产业互联的条件下，“营改增”有效促进了企业分工深化。而相关研究表明，分工（division of labor）对增进企业生产率具有重要意义（Lin and Ma，2012；Chaney and Ossa，2013）。分工理论指出，产品内分工有利于优化资源配置、节约生产成本、提升生产率（胡昭玲，2007），较高的垂直专业化分工会显著提升企业的劳动生产率（唐东波，2014）。

综合来看，如果在产业关联的作用下，“营改增”深化企业分工成立，而分工又是生产率提升的关键驱动，那么分工即可视为本章考察“营改增”影响企业生产率的潜在机制①。基于此，本章提出以下假设：

研究假说3：“营改增”显著增进了企业生产率，但这一效应仅在足够产业关联的企业内有效。

图4.1描述了“营改增”影响企业出口行为及生产率的潜在作用机制。

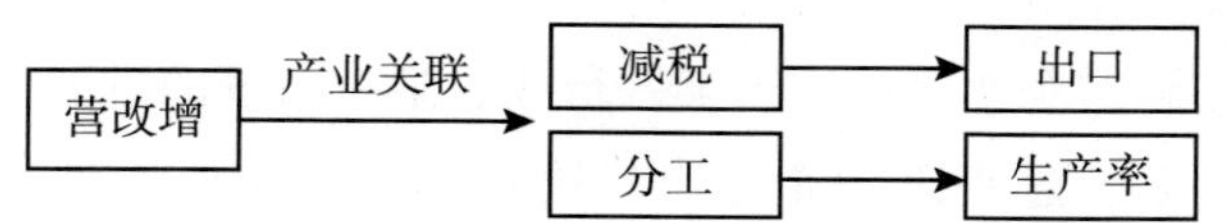

图4.1 “营改增”影响企业出口行为及生产率的作用机制

① 本书第3章以相当篇幅的内容证实了在产业互联的作用下，“营改增”显著促进了企业的减税与分工效应。因此，本章节对作用机制的实证分析与讨论不再赘述。

4.3 研究设计

4.3.1 计量模型与指标选择

根据上面理论分析，我们将从宽化效应和深化效应两个维度详细检验“营改增”对企业出口行为的影响。模型构建如下：

$$Export_{ijt} = \alpha + \beta_1 Linkages_{jkt} \times Reform_{jkt} + \beta_2 Linkages_{jkt} + \beta_3 Reform_{jkt} + \gamma X_{ijt} + \delta_i + \xi_{jt} + \varepsilon_{ijt} \tag{4.1}$$

其中，i、j、k、t 分别表示企业、地区、行业、时间；被解释变量 *Export* 参照国际贸易领域中的集约边际和扩展边际的概念，定义企业的出口行为。公式（4.1）右边的 *Linkages* 表示行业层面的产业互联度，测算过程与公式（3.1）一致；*Reform* 表示试点企业在改革之后取值为 1，改革之前及非试点企业均取值为 0；β_1 即是我们关心的主要系数，反映了企业的产业互联度对“营改增”的出口效应的关键作用；与国内多数政策评估文献通常采取控制时间和个体效应的双向固定效应不同，我们控制更为严格的时间—省份效应 ξ_{jt} 和企业固定效应 δ_i，不仅包括了时间固定效应，也包括了在时间—省份层面的固定效应，以控制不同省份内的时间趋势。例如，不同地区在不同时间内实施了不同的产业政策、税收优惠政策等，这些差异将能够通过时间—省份固定效应得到有效控制，而如果单单采用时间固定效应并不能完全分离出这种差异，从而无法准确衡量税制改革的净效应；ε 表示随机误差项。

借鉴研究企业出口行为的一般做法（Sousa et al.，2008），选择以下指标作为控制变量：

（1）企业规模。考虑到规模越大的企业，自身的资源禀赋越有优势，参与国际竞争的动机和能力就越强，因此，预期企业规模系数显著为正，以企业资产总计的自然对数衡量。

（2）企业年龄。一般而言，市场参与时间越长的企业，出口经验越丰富，在参与对外贸易中可能更有优势，但是也不排除年龄越长的企业，市场发展战略思想相对较为固化，反而新兴企业更容易接受国际市场的挑战，作出参与国外市场的决策。因此，企业年龄的系数相对较为不确定，需要进一步检验，以（统计年份 - 登记注册年份 +1）衡量企业年龄。

（3）资本密集度。加工贸易是我国对外贸易中的主要方式，预期资本密集度越低、即劳动密集度越高的企业参与国际市场的动机更强，但是在后国际金融危机时期，能否有效参与国际市场，扩大国外市场份额尚有待检验。以企业人均固定资产并取自然对数来衡量，以降低异方差波动的不利影响。

（4）是否研发企业。相关文献已经较为丰富地探讨了研发能否推动出口（Yang and Chen，2012），出口是否进一步促进研发（Canto and González，1999），关于二者关系的研究也是新新贸易理论关注的热点话题，因此，毫无疑问研发是影响企业出口行为的重要变量，需要对此进行控制，本章以研发费用是否大于 0 对这些企业进行区分。

（5）是否补贴企业。就对外贸易的参与成本而言，获得政府补贴无疑能有效降低企业出口成本，扩大外向型企业规模。学者主要关注政府补贴对企业出口模式（Shi，2011）、出口行为（Girma et al.，2009）等方面，可见是否属于"关照型"企业，对企业出口行为来说就可能产生重要影响。这里以企业年度政府补助是否大于 0 作为判断补贴与否的依据。

（6）融资约束。新新贸易理论认为，融资约束不仅会影响对外贸易发生的"宽度"（extensive margin），也会影响对外贸易发生的"深度"（intensive margin）（阳佳余，2012），借鉴已有文献的做法，以企业资产负债率是否高于平均资产负债率进行衡量（曾萍和吕迪伟，2014）。

（7）全要素生产率。我国出口企业是否存在"生产率悖论"，已有文献从不同角度进行了细致的探讨，诠释了生产率可能是影响企业出口行为的不可忽视的重要因素之一。这里采用索罗残值法测算企业的全要素生产率。

公平和效率是税制改革的基本目标，"营改增"改革能否有效提升企业生产效率，是政策设计和实施的核心。研究表明，"营改增"后企业为获得税负转嫁能力，通过技术升级而获得垄断优势是理性选择之一（李成和张玉霞，2015）。因此，我们选用全要素生产率（Total Factor Productivity，TFP）作为衡量企业除资本和人力投入之外因素所带来的生产率变化的主要方式。检验在产业互联视角下，"营改增"对企业生产效率的影响。基准模型设计如下：

$$TFP_{ijt} = \alpha + \beta_1 Linkages_{jkt} \times Reform_{jkt} + \beta_2 Linkages_{jkt} + \beta_3 Reform_{jkt} + \gamma X_{ijt} + \delta_i + \xi_{jt} + \varepsilon_{ijt} \tag{4.2}$$

其中，公式（4.2）左边为企业，以固定效应模型测算结果为基准，同时使用 DEA - Malmquist 生产率指数法和索罗残值法进行稳健性测试。*Linkages* 及其二者的交互项以及固定效应的选择与公式（4.1）模型设计一致。控制变量的选取主要包括企业规模、企业年龄、资本密集度、研发、补贴、融资约束等。

4.3.2 企业出口行为

已有研究企业出口行为的代表性文献，主要基于出口决策和出口深度两个维度进行。根据本章研究数据的特点，并按照"营改增"改革对企业出口行为的机理分析，这里从三个维度上定义企业的出口行为：

其一，出口倾向，研究"营改增"能否显著推动非出口企业参与出口贸易，这是考察企业宽化效应的关键指标。若企业出口收入大于0，则为出口企业，否则为非出口企业。参照以中国上市公司为研究对象的一般做法，以企业有无海外销售收入判断企业有无出口行为（曾萍和吕迪伟，2014），并根据年报中分地区主营业务收入栏目下的国外主营业务收入进行补充与核实。考虑到还可能存在这样一种情况，即企业在海外拥有子公司，这就使得海外收入不完全等于出口收入，为避免夸大企业真实出口收入，在稳健性检验中，通过年报手工核实企业有无海外子公司，若有，则将这部分对象进行排除。

其二，出口收入，研究"营改增"能够显著提升出口企业的出口收益，即研究企业深化效应的关键指标之一。“营改增”能否显著提升出口企业的出口收入，这是本章所关心的另一重要指标，这里以企业海外销售收入占年度行业营业收入的比重表示，行业是指企业所属2012年投入产出表139行业。

其三，出口利润，研究企业深化效应的另一关键指标。如果“营改增”能够有效降低企业出口成本，对出口利润是否存在显著意义，也是本章感兴趣的重要内容。这里以国外营业利润占总资产的比例衡量，以检验“营改增”改革是否有效提升国内企业的出口利润率。

4.3.3 企业全要素生产率

TFP的准确测算是评估税制改革效果的重要前提。在以往的测算方法中，主要区分为参数法和非参数法。其中，参数法是指通过设定具体的生产函数形式，测算不同生产要素的产出系数，进而核算企业TFP，其优点在于能够规避随机因素的影响（李春顶，2010），但是其缺点也很明显，即受到具体生产函数形式设定的局限，一旦生产函数形式假设错误，那么生产率的估算将可能存在较大的偏误。不仅如此，样本容量是否足够大，也是影响生产率测算的重要因素。相比较而言，非参数法能够规避参数法估计的缺陷，不受样本容量及生产函数形式的限制，但其缺点也是参数法的优点，即无法识别随机因素的影响。因此，本章拟以参数法中的固定效应模型方法作为测算企业TFP的基础①，同时配合其他测算企业生产率的方法（DEA - Malmquist指数法、索罗残值法等）作为稳健性检验。接下来简要介绍本章拟采用的固定效应模型测算企业TFP的过程。

柯布—道格拉斯生产函数是测算企业全要素生产率的常用方程，传统文献通常采用OLS方法测算企业TFP，但是这种方法易产生选择性偏误和联立性偏误。而解决这一内生性难题，固定效应模型不失为其中的有效方法之一（鲁晓东和连玉君，2012）。固定效应模型测算TFP的一般公式为：

---

① 本章没有使用OP或LP方法测算企业生产率，是由于研究对象的限制，上市公司中未报告中间投入信息。

$$y_{it} - y_{it-1} = \beta_1(l_{it} - l_{it-1}) + \beta_2(k_{it} - k_{it-1}) + (\varepsilon_{it} - \varepsilon_{it-1}) \qquad (4.3)$$

当观测到的生产率变化不随时间而变化时，随机扰动项要满足严格外生假定，使用固定效应模型便可无偏估计得到要素投入的产出弹性。公式（4.3）中，公式左边为产出变量，l、k 分别为企业劳动投入和资本投入，（$\varepsilon_{it} - \varepsilon_{it-1}$）为白噪声过程。

4.3.4 数据说明

本章使用的样本是 2009 ~ 2014 年中国建筑业和服务业上市公司数据。企业出口收入数据来源于 Wind 数据库中的主营业务收入构成下的海外业务收入；出口利润数据来源于 CSMAR 数据库中的财务报表附注栏目；企业生产率相关测算指标及控制变量均来自 Wind 数据库，部分缺失数据及异常值根据企业年报进行补充与核实；产业互联指标的测算基于 2012 年中国投入产出表 139 行业的直接消耗系数表。

4.4 “营改增”对企业出口行为的影响

以公式（4.1）为基础，利用倍差法的思想，首先评估“营改增”改革对企业出口收入的影响。被解释变量是企业出口收入，以出口收入占年度行业出口收入的比重衡量。这一度量方式不仅能够避免价格因素的困扰，也剔除了行业间的差异，能够更为有效地衡量企业出口收入的相对变化。表 4.1 列示了“营改增”改革对企业出口收入的影响。

表 4.1 “营改增”与企业出口收入：深化效应

变量	(1)	(2)	(3)	(4)
	总样本	总样本	“1+6”行业	上海+8 省市
产业互联×营改增		0.783** (0.316)	1.231*** (0.363)	0.893** (0.374)

续表

变量	(1)	(2)	(3)	(4)
	总样本	总样本	“1 +6” 行业	上海 +8 省市
产业互联		-0.843 (0.552)	-1.373 ** (0.566)	-1.140 * (0.662)
营改增	-0.008 * (0.004)	-0.055 *** (0.019)	-0.084 *** (0.023)	-0.061 *** (0.023)
企业规模	0.008 *** (0.003)	0.008 *** (0.003)	0.005 ** (0.003)	0.010 *** (0.004)
企业年龄	-0.050 *** (0.012)	-0.048 *** (0.012)	-0.048 *** (0.011)	-0.064 *** (0.015)
资本密集度	0.001 (0.002)	0.001 (0.002)	0.002 (0.002)	0.002 (0.002)
研发	0.012 *** (0.004)	0.012 *** (0.004)	0.012 *** (0.004)	0.017 *** (0.006)
补贴	-0.001 (0.004)	-0.000 (0.004)	0.000 (0.004)	-0.000 (0.005)
融资约束	-0.008 ** (0.004)	-0.009 ** (0.004)	-0.008 ** (0.004)	-0.016 *** (0.005)
TFP	-0.003 (0.002)	-0.004 * (0.002)	-0.003 (0.002)	-0.005 ** (0.003)
常数	0.731 *** (0.183)	0.724 *** (0.184)	0.788 *** (0.182)	0.986 *** (0.233)
企业固定效应	yes	yes	yes	yes
省份—年份效应	yes	yes	yes	yes
Within R^2	0.045	0.047	0.052	0.042
样本数	3515	3515	3377	2654

注：*、** 和 *** 分别表示 10%、5% 和 1% 的显著性水平，括号内为标准误。

表 4.1 第（1）列报告了在不考虑产业互联度条件下，“营改增”对企业出口收入的一般影响。结果显示“营改增”改革变量在 10% 水平上显著为负，且系数非常微弱。这就初步说明从总体上看，“营改增”推动

企业出口收入增长似乎不甚乐观。根据上文的理论分析，减税是影响出口行为的重要因素，而减税效应的发挥根据第 3 章的证明，依赖于企业所属行业的产业互联度。因此，有必要在模型设计中纳入产业互联因素，进一步考察“营改增”对企业出口行为的影响。

具体而言，以企业主营业务的增值税税率及其所属行业的直接消耗系数的加权，度量企业的产业互联度。由于不同年份“营改增”纳入的试点行业不同，因此，这一产业互联度并不是常数，而是随着试点范围的变化而变化。在考虑产业互联的条件下，表 4.1 第（2）列结果显示，“产业互联 × 营改增”系数在 5% 水平上显著为正，这就表明“营改增”改革对企业出口收入的影响不可一概而论，在足够产业互联的条件下，才可能存在对企业出口收入的深化效应。考虑到“营改增”改革在不同地区、不同行业分步实施的特点，这就可能破坏增值税抵扣链条的完整性，造成改革效应的净损失。基于此，我们从最先进行改革试点的地区和行业分别进行评估，以讨论与总体样本下的净效应差异。以 2012 年起开始试点的行业（“1 +6”行业）为处理组，排除 2014 年才开始试点的铁路、邮政、电信业，第（3）列结果显示，交互项系数在 1% 的水平上显著为正，回归系数及显著性水平均高于总样本下的改革净效应。如果以先行试点的地区（省内样本）为研究对象，这种情况下同时有助于降低改革在试点地区与非试点地区之间的选择性偏误，第（4）列结果显示，再次验证了这一设想，即先行试点的地区，改革效应越明显。

此外，第（1）列 ~ 第（4）列的控制变量报告了对企业出口收入的影响。其中，企业规模的回归系数一致显著为正，这就表明，规模越大的企业，越具有出口优势，诸如较为完善的产品售后服务、客户体验、产品质量等方面更可能获得品牌认可。企业年龄系数显著为负，这就说明越年轻的企业参与国际竞争中获得的收益可能更大，相比较资历越成熟的企业而言，越不容易受制于思想的禁锢，不会将企业发展仅局限在国内市场，近年来国内互联网行业的发展提供了这一佐证。资本密集度系数为正，但不显著，说明我国的产品出口结构正在发生质变，传统劳动密集型占优势的外贸型产品正在逐步弱化，这既是国内劳动力成本上升引起的企业主动选择策略，也有市场价格规律的调节作用，市场的决定性作用使得国内企业的资本密集型产品在出口结构中逐渐占据优势。研发系数在1%水平上显著为正，这就说明研发型企业更容易获得出口市场的产品优势，这就解释了当前我国推动“中国质造”的核心内涵，同时，这与国内研究中国企业出口行为的结论基本一致（Zhao and Li，1997）。面临融资约束的企业，其出口市场更容易受到制约。阳佳余（2012）以中国工业企业为研究对象，基于Heckman方法验证了融资约束是影响企业出口行为的重要因素，融资约束的改善不仅有利于提高企业出口概率，同时也对出口规模产生重要影响。这与本章以服务业上市公司为研究对象的发现较为一致，这就说明不论是工业还是服务业企业，融资约束是企业面向国外市场不可忽视的重要因素。总样本下的TFP回归系数［第（2）列］系数在10%水平上显著为负，验证了当前中国企业确实可能存在“生产率悖论”，生产率越低的企业，出口收入增长可能越快。不过这与已有文献使用1998～2007年中国工业企业数据的基本结论相比有一定程度的改观，这些文献发现生产率对出口的影响大多在1%水平上显著为负（李春顶，2010），这就说明随着时间的推移，我国出口企业的“生产率悖论”可能正朝着有利的方向变化。补贴系数为负，但不显著，说明政府补贴虽然能一定程度上降低企业出口成本，但并不构成影响企业出口收入提高的决定性因素。

根据表4.1，初步证实了“营改增”对企业出口收入具有显著的促进作用，然而这一作用发挥的主要机制是什么？我们认为，可以从以下角度进行解读：第3章的实证研究中已经证实，产业互联度越高的企业，减税效应越显著，而减税又是促进企业出口的重要因素，这就表明减税能够为“营改增”影响企业出口收入深化提供了可靠的中间机制。在“营改增”之前，只有货物贸易能够出口退税，这就抑制了服务贸易的发展，而在“营改增”之后，出口退税应税服务范围的相对扩大，直接关系到相关试点企业的出口成本，这就有效激励了服务贸易的发展，同时也提高了制造业的产业互联度。这是因为在制造业的投入中，来自服务业的中间投入获得抵扣资格，就相当于在中间投入比例不变的条件下，产业互联度的权重系数得到增加，进而提高了制造业的产业互联度，因此，制造业和服务业的发展共同推动着总体企业出口收入的深化。综合这两方面的减税效应，“营改增”得以促进企业出口收入增长。

综合以上来看，可以得出四方面的基本结论：首先，“营改增”从总体上未能有效扩展企业的出口行为，初步验证了研究假说 1 的正确性；其次，产业互联度是“营改增”的出口效应展现的关键，产业互联度越高，“营改增”对企业出口收入的深化效应越明显，这就验证了研究假说 2 的正确性；再次，“分步式”的改革策略一定程度上弱化了改革的净效应，政策含义表明，“一步到位式”的改革策略更适合增值税链条的完整性要求；最后，企业规模等因素也是影响企业出口收入增加的重要原因，其中，企业规模、研发因素起到正向的作用，企业年龄、融资约束及生产率起到负向的作用。

对企业而言，利润才是企业最为关心的指标之一。按照表 4.1 的基本结论，“营改增”在一定的产业互联条件下，能够显著促进企业出口收入提高，但是是否也能相应地显著提高企业出口利润？这也是我们所关心的第二个重要指标，也是考量“营改增”对企业出口行为影响的重要方面。关于企业出口利润的相关数据来源于 CSMAR 数据库中损益分部项目，其详细地列明了企业出口毛利金额及毛利率。这里以国外营业利润占总资产的比重来衡量企业出口利润①。

表 4.2　　“营改增”与企业出口利润：深化效应

变量	(1)	(2)	(3)	(4)	(5)
	总样本	总样本	“1+6”行业	上海+8 省市	出口成本
产业互联×营改增		0.229*** (0.087)	0.265** (0.105)	0.255** (0.106)	-1.132*** (0.332)
产业互联		-0.139 (0.151)	-0.175 (0.162)	-0.227 (0.187)	1.359** (0.563)

① 这里没有采用出口利润占年度行业利润的比重表示，是为了避免营业利润为负值在比值后变为正值。

续表

变量	(1)	(2)	(3)	(4)	(5)
	总样本	总样本	"1+6" 行业	上海+8省市	出口成本
营改增	0.001 (0.001)	-0.013** (0.005)	-0.016** (0.007)	-0.014** (0.006)	0.067*** (0.020)
企业规模	-0.002** (0.001)	-0.002** (0.001)	-0.002** (0.001)	-0.003*** (0.001)	0.004 (0.003)
企业年龄	-0.001 (0.003)	0.000 (0.003)	0.000 (0.004)	-0.001 (0.004)	-0.014 (0.012)
资本密集度	0.000 (0.000)	0.000 (0.000)	0.000 (0.000)	0.001 (0.001)	-0.000 (0.002)
研发	0.001 (0.001)	0.001 (0.001)	0.001 (0.001)	0.002 (0.002)	0.002 (0.004)
补贴	0.001 (0.001)	0.001 (0.001)	0.001 (0.001)	0.002 (0.002)	0.001 (0.004)
融资约束	-0.001 (0.001)	-0.001 (0.001)	-0.001 (0.001)	-0.002 (0.001)	0.004 (0.004)
TFP	-0.000 (0.001)	-0.000 (0.001)	-0.000 (0.001)	-0.001 (0.001)	-0.009*** (0.002)
常数	0.039 (0.056)	0.026 (0.057)	0.029 (0.057)	0.060 (0.070)	0.185 (0.205)
企业固定效应	yes	yes	yes	yes	yes
省份—年份效应	yes	yes	yes	yes	yes
Within R^2	0.039	0.042	0.046	0.040	0.049
样本数	3594	3594	3450	2666	3710

注：*、** 和 *** 分别表示10%、5%和1%的显著性水平，括号内为标准误。

首先，我们初步检验一般条件下的"营改增"对企业出口利润的影响，根据表4.2的第（1）列可以看出，"营改增"系数不仅在统计意义上不显著，而且在经济意义上也不显著。这就说明在一般条件下，"营改增”对企业出口利润的影响不明显，这与表4.1中对企业出口收入的影响较为一致，但是按照“营改增”释放的出口成本降低、产业增值税链条逐步完善等方面的政策红利，理论上有利于提升企业盈利水平，为了进一步揭示现实与理论间的逻辑错位，我们接下来拟从产业互联度的差异评估“营改增”对企业出口利润的影响。

按照公式（4.1）的模型设计，引入产业互联的作用机制，结果见表4.1第（2）列，可以发现，“产业互联×营改增”系数相比较于一般情形下的“营改增”系数［第（1）列］，改革效应显著提高，产业互联度每提高1%，“营改增”能够显著提高企业出口利润的22.9%。这也就解释了“营改增”改革对企业出口利润影响的关键内因，即只有考虑产业互联的情形下，才能显著形成出口利润的深化效应，且产业互联度越高，深化效应越显著。

考虑到增值税改革与其他税种改革的重要差异在于，增值税要求上下游行业相互制约、相互影响，而其他税种的改革影响较为特定。这一特点使得传统试点改革的方式对增值税改革实施效果可能产生一定影响。因此，我们考虑进一步考察推动企业出口利润深化的“营改增”改革方式的差异性及其后果。第（3）列和第（4）列分别从先行试点的行业和地区分别检验了“分步式”改革的实施效果，可以看出交互项系数均高于总样本下的改革净效应，一致地表明除产业互联度以外，“营改增”改革方式也是影响企业出口利润深化的重要因素，即“分步式”的改革策略不仅弱化了对企业出口收入的深化，也弱化了对企业出口利润的深化。

为什么“营改增”改革能够产生与出口收入的影响较为一致的出口利润深化？至少可以从“营改增”改革带来的出口成本角度进行分析，“营改增”之前，我国虽然对货物贸易实行了增值税出口退税政策，但并不是完全意义上的出口退税，在国内市场生产环节所支付的诸如研发设计、仓储物流、电子商务等方面的劳务成本无法纳入出口退税范围，这无疑会提高企业出口国外市场的价格，增加了企业参与市场竞争的税制成本。而在“营改增”之后，出口退税政策扩大至指定服务业试点企业，不仅涵盖了劳务贸易，也包括货物贸易中附加的生产性劳务环节。出口退税应税范围的扩大，预期将有利于企业以不含税的价格参与国际竞争，降低企业出口成本，从而获得参与国际竞争的价格优势和市场空间，进而作用于企业出口利润的深化。为证明这一猜想，我们给出了“营改增”对企业出口成本的影响。被解释变量为企业出口成本，以（国外营业收入 - 国外营业利润）/营业收入来衡量。表 4.2 第（5）列报告了这一回归结果，研究发现，“产业互联 × 营改增”系数在 1% 水平上显著为负，这就可以证实“营改增”改革通过“提高出口收入、降低出口成本”的双向路径，体现对企业出口利润的促进作用。

表 4.1 和表 4.2 从出口深化角度研究了“营改增”对企业出口行为的影响，验证了“营改增”对企业出口收入及出口利润的促进作用。然而，“营改增”是否也显著存在对企业出口的宽化作用，即“营改增”能否有效提高企业的出口倾向？也是本章关心的重点问题。

根据公式（4.1），表 4.3 考察了“营改增”对企业出口倾向的影响。首先，对一般情形下的“营改增”对企业出口倾向的影响进行了初步探索。第（1）列报告了这一回归结果，结果显示，在一般意义上，“营改增”对企业出口倾向的贡献不显著。按照此前对企业出口深化效应的研究逻辑，考虑将产业互联因素纳入研究框架，从第（2）列的交互项系数可以看出，产业互联并未改变“营改增”对企业出口倾向的一般情形下的结论。接着从“营改增”改革的试点进程方面进行细化讨论，第（3）列和第（4）列分别从先行试点的行业和地区进行政策评估，结论依然稳健地显示，“营改增”对企业出口倾向的深化能力非常有限。换而言之，与“营改增”在产业互联情况下有效推动企业出口深化不同，不论是引入产业互联因素，还是“营改增”改革策略，均不能得到“营改增”对企业出口倾向的促进作用。

表 4.3　“营改增”与企业出口倾向：宽化效应

变量	(1)	(2)	(3)	(4)
	总样本	总样本	“1 +6”行业	上海 +8 省市
产业互联 × 营改增		-1.001 (1.050)	0.187 (1.270)	-1.348 (1.199)

续表

变量	(1)	(2)	(3)	(4)
	总样本	总样本	“1+6”行业	上海+8 省市
产业互联		-1.366 (1.816)	-2.307 (1.942)	-1.690 (2.114)
营改增	0.003 (0.014)	0.071 (0.064)	-0.005 (0.080)	0.091 (0.073)
企业规模	0.003 (0.009)	0.002 (0.009)	0.005 (0.010)	-0.002 (0.012)
企业年龄	-0.044 (0.042)	-0.049 (0.042)	-0.047 (0.043)	-0.059 (0.050)
资本密集度	0.005 (0.006)	0.005 (0.006)	0.006 (0.006)	0.003 (0.007)
研发	0.051*** (0.014)	0.051*** (0.014)	0.052*** (0.015)	0.064*** (0.017)
补贴	0.015 (0.013)	0.016 (0.013)	0.014 (0.013)	0.014 (0.017)
融资约束	-0.001 (0.013)	-0.001 (0.013)	-0.001 (0.014)	0.000 (0.016)
TFP	-0.015** (0.007)	-0.015** (0.007)	-0.016** (0.007)	-0.013 (0.008)
常数	0.905 (0.660)	1.056 (0.666)	1.028 (0.696)	1.306 (0.796)
企业固定效应	yes	yes	yes	yes
省份—年份效应	yes	yes	yes	yes
Within R^2	0.051	0.052	0.054	0.024
样本数	3616	3616	3470	2687

注：*、** 和 *** 分别表示 10%、5% 和 1% 的显著性水平，括号内为标准误。

由此可初步判断，“营改增”改革更多的是推动企业出口深化，而不是出口宽化，即对企业出口规模的影响要高于对出口倾向的影响。进一步完整地验证了研究假说 2 的正确性。出现这一结果的主要原因可能在于

“营改增”政策直接反映在出口企业的出口成本的有效降低，从而增加了出口企业的出口收入和出口利润。而对于非出口企业，部分企业由于发展理念或思维方式的局限，很难改变这部分企业的出口倾向，即使出口成本下降，但这部分成本依然存在，由于其未参与出口，对这部分企业的激励也是鞭长莫及。

表 4.1 ~ 表 4.3 从产业互联视角评估了“营改增”对企业出口行为的总体性影响，但我们仍然不清晰的是这一改革净效应是对所有企业均有效，还是对部分企业有效？理论与经验研究表明，国有企业在政府补贴（Lin et al.，1998；Eckaus，2006）、融资约束（Poncet et al.，2010）等方面具有明显优势，但是在生产率（Schmitz and Teixeira，2008）、出口市场（鲁晓东等，2016）等方面又较之非国有企业表现较弱。因此，我们非常有兴趣考察这种制度性差异能否传递到“营改增”的出口效应中去。

具体而言，本书尝试运用四重差分方法考察“营改增”对不同所有制企业的出口行为差异。其中，公司所有制性质数据来自 Wind 数据库披露的公司属性（国有、民营、外资、集体、公众企业），并根据新浪财经网登记的组织形式对公司属性缺失的样本进行补充。定义公司属性为国有的样本为国有企业，其他为非国有企业①。

表 4.4 从出口深化和出口宽化两个维度探讨了“营改增”出口效应的所有制差异。结果显示，无论是出口收入、出口利润还是出口倾向，“国有企业 × 产业互联 × 营改增”回归系数均不显著，一致地表明“营改增”对国有企业的出口深化和宽化作用都非常有限，相较于非国有企业，没有发挥其相应的制度性优势。从企业发展目标来看也不难理解这一结果，因为国有企业的发展目标并不是完全追求利润最大化，还要关注国内社会效益目标，同时服从于国家发展政策的需要，例如“一带一路”倡议的实施，国有企业就是重要的推动主体。换句话说，国有企业对税制改革成本收益的考虑是其相对次要的决策依据，这一“软预算约束”特点导致国有企业在“营改增”的出口效应中表现较弱。

① 事实上，我们也考察了将集体企业纳入国有企业范畴，但研究结论并没有变化，在服务业上市公司样本中，仅 3 家企业（18 个样本）是集体企业。

表4.4 “营改增”与企业出口行为：所有制差异

变量	(1)	(2)	(3)
	出口收入	出口利润	出口倾向
国有企业×产业互联×营改增	0.215 (0.636)	0.254 (0.175)	3.213 (2.101)
国有企业×产业互联	-0.013 (0.642)	-0.169 (0.176)	1.369 (2.112)
国有企业×营改增	-0.057 (0.039)	-0.013 (0.011)	-0.282** (0.129)
产业互联×营改增	0.952* (0.522)	0.050 (0.148)	-2.791 (1.767)
产业互联	0.029 (0.674)	-0.085 (0.185)	-0.956 (2.212)
营改增	-0.051* (0.031)	-0.004 (0.009)	0.209** (0.105)
企业规模	0.007*** (0.003)	-0.002** (0.001)	0.002 (0.009)
企业年龄	-0.048*** (0.012)	0.000 (0.003)	-0.054 (0.042)
资本密集度	0.002 (0.002)	0.000 (0.000)	0.006 (0.006)
研发	0.013*** (0.004)	0.001 (0.001)	0.052*** (0.014)
补贴	-0.000 (0.004)	0.001 (0.001)	0.016 (0.013)
融资约束	-0.009** (0.004)	-0.001 (0.001)	-0.001 (0.013)
TFP	-0.004* (0.002)	-0.000 (0.001)	-0.016** (0.007)
常数	0.711*** (0.185)	0.031 (0.055)	1.106 (0.682)
企业固定效应	yes	yes	yes

续表

变量	(1)	(2)	(3)
	出口收入	出口利润	出口倾向
省份—年份效应	yes	yes	yes
Within R^2	0.057	0.043	0.056
样本数	3515	3594	3616

注：*、** 和 *** 分别表示 10%、5% 和 1% 的显著性水平，括号内为标准误。

由于在基准回归中样本数据来源的限制，以海外业务收入衡量企业的出口收入可能存在一定缺陷，无法排除这样一种可能，企业在国外市场中设立子公司，在统计时纳入海外业务收入子栏，但并不能认定完全等于企业的出口收入。因此，需要对此进行检验，即根据企业年报中报告的企业在国外是否有控股子公司，若有则定义为1，否则为0。表4.5的第（1）列~第（3）列从产业互联视角检验了在国外没有控股子公司的企业的情形，“产业互联×营改增”回归结果显示，“营改增”对企业出口收入及出口利润的影响依然显著为正，对出口倾向的影响不显著，稳健地支持基准回归结论。

表 4.5　　稳健性检验

变量	国外无子公司			内资企业		
	出口收入	出口利润	出口倾向	出口收入	出口利润	出口倾向
	(1)	(2)	(3)	(4)	(5)	(6)
产业互联×营改增	0.736** (0.309)	0.270*** (0.078)	-0.248 (1.052)	0.785** (0.322)	0.229*** (0.088)	-0.814 (1.050)
产业互联	-1.114** (0.547)	-0.186 (0.136)	-2.102 (1.840)	-0.852 (0.564)	-0.137 (0.155)	-1.820 (1.825)
营改增	-0.052*** (0.019)	-0.015*** (0.005)	0.027 (0.065)	-0.055*** (0.020)	-0.013** (0.005)	0.061 (0.064)
企业规模	0.005* (0.003)	-0.001 (0.001)	0.005 (0.009)	0.008*** (0.003)	-0.002** (0.001)	-0.000 (0.010)

续表

变量	国外无子公司			内资企业		
	出口收入	出口利润	出口倾向	出口收入	出口利润	出口倾向
	(1)	(2)	(3)	(4)	(5)	(6)
企业年龄	-0.054*** (0.012)	-0.003 (0.003)	-0.054 (0.043)	-0.051*** (0.012)	0.000 (0.004)	-0.048 (0.042)
资本密集度	0.001 (0.002)	0.001 (0.000)	0.009 (0.006)	0.001 (0.002)	0.000 (0.001)	0.004 (0.006)
研发	0.012*** (0.004)	0.001 (0.001)	0.048*** (0.014)	0.012*** (0.005)	0.001 (0.001)	0.041*** (0.014)
补贴	0.001 (0.004)	0.000 (0.001)	0.027** (0.013)	-0.000 (0.004)	0.001 (0.001)	0.015 (0.014)
融资约束	-0.008** (0.004)	-0.001 (0.001)	-0.011 (0.013)	-0.009** (0.004)	-0.001 (0.001)	0.001 (0.013)
TFP	-0.003 (0.002)	-0.001 (0.001)	-0.013* (0.007)	-0.004 (0.002)	-0.000 (0.001)	-0.018** (0.007)
常数	0.927*** (0.199)	0.061 (0.053)	1.096 (0.709)	0.765*** (0.192)	0.027 (0.056)	1.083* (0.652)
企业固定效应	yes	yes	yes	yes	yes	yes
省份—年份效应	yes	yes	yes	yes	yes	yes
Within R^2	0.053	0.046	0.060	0.048	0.043	0.053
样本数	3277	3364	3378	3411	3486	3508

注：*、** 和 *** 分别表示 10%、5% 和 1% 的显著性水平，括号内为标准误。

此外，还存在一种情况需要区别对待，在研究对象中，根据 Wind 数据对企业属性的统计，共有 19 家企业 114 个样本是外资或中外合资企业，而这些企业有可能是因为中国较低的劳动力成本而选择在中国设厂或分公司，但主营产品主要销往母国或国外其他市场，在国内生产仅是加工贸易，因此其出口深化可能受出口退税政策的影响较小。不仅如此，陈等（2006）的研究也表明，当出口退税率提高时，对内资企业和外资企业的出口行为的影响截然不同，那么这是否会影响基准结论的稳健性？基于此，我们排除了外资和中外合资企业的样本，仅保留内资产业，第（4）列 ~ 第（6）列的交互项系数显示，将对照组限定在内资企业依然不会影响结论的可靠性。

4.5 “营改增”对企业生产率的影响

“营改增”的最终目标并不是为了减税，而是推动产业分工，提升生产效率。那么“营改增”试点以来，是否实现了效率目标？在国内研究中，探讨“营改增”对企业生产率的影响的文献非常有限，其中，李成和张玉霞（2015）从企业税负转嫁能力角度，探讨了企业提升生产率的原因，目的在于获取垄断势力。陈晓光（2013）从增值税有效税率差异角度测度了企业全要素生产率损失，并认为减少增值税率的档次有利于降低效率损失。与既有研究不同，我们拟从产业互联的视角给出生产效率提升的微观证据。

企业生产率的准确测算是评估“营改增”的生产率效应的前提。根据 *TFP* 计算的一般做法，采用柯布—道格拉斯生产函数 $Q = AK^{\alpha}L^{\beta}$ 测算企业 *TFP*，其关键在于如何测度生产要素产出弹性。由于 OLS 估计无法剔除不随时间、地区等而改变的固定效应影响，如果忽视这些因素，就可能引起有偏估计。为降低 OLS 可能产生的有偏估计，本章拟选择固定效应模型测算企业生产要素产出弹性，这就控制了企业个体间的固有差异，同时也对不随时间—省份而改变的固定效应进行控制。其中，产出指标 Q 使用企业主营业务收入表示，资本和劳动投入分别使用固定资产和职工人数表示，等式两边分别取自然对数，即可测算出要素产出弹性。测算结果显示，资本产出弹性 $\alpha = 0.092$，劳动产出弹性 $\beta = 0.408$，这与已有相关研究的测算系数基本一致［例如，鲁晓东和连玉君（2012）］，然后即可推导出企业全要素生产率 A。

基于公式（4.2），我们基于产业互联的视角评估了“营改增”对企业生产率的影响。首先，我们以一般情形下的政策评估作为研究的起点，第（1）列结果显示，“营改增”系数为负，且不显著，似乎意味着税制改革的效率改进目标未能有效实现。然而，我们在第 3 章的研究中发现，增值税税率以及行业中间投入的差异是企业所属行业的产业互联度的关键因素，只有在足够的产业互联内，才具有“营改增”的减税效应和分工效应（范子英和彭飞，2015），陈晓光（2013）的研究也证实增值税税率差异是造成企业生产效率损失的关键因素。因此，有必要从增值税税率差异及行业中间投入差异角度审慎解析“营改增”改革对企业生产率的影响。第（2）列报告了在产业互联条件下的生产率效应。与第（1）列结果显著不同的是，“产业互联 × 营改增”作为评估“营改增”改革净效应的主要关注指标，其系数在 1% 水平上显著为正，这就初步表明在满足产业互联度的要求下，“营改增”对于提升企业生产效率具有积极意义，且企业所属行业的产业互联度越高，生产率提升就越高。初步证实了本章研究假说 3 是正确的。

考虑到此次服务业的“营改增”改革的特点不仅体现在税率档次较多，而且体现在实施策略上，采取了我国传统特色改革方式——“先行试点、逐步推广”，但是这种方式可能会破坏增值税链条的完整性，进而伤害产业链的总体生产效率。为此，我们从先行试点的行业和地区进行检验，最后两列结果显示，先行试点的行业和地区的改革净效应均显著高于总样本下的改革净效应，这就表明“分步式”的改革策略确实在一定程度上降低了产业链的总体生产效率，造成了企业 TFP 的净损失。这与陈晓光（2013）的研究结论不谋而合。

表 4.6 基准回归结果表明，增值税税率及中间投入差异构成的产业互联度差异是影响企业生产效率提升的重要因素。此轮“营改增”税制设计中，不同行业实行不同的增值税税率，其中交通运输业的适用税率由当时 3% 的营业税税率提升至 11% 的增值税税率，而部分现代服务业的适用税率变化相对较小，由 5% 的营业税税率调整至 6% 的增值税税率。两种行业税率的较大差异就可能会引起生产率效应反应不同的重要因素。因此，我们单独考察交通运输业（铁路运输、道路运输、水上运输、航空运输及装卸搬运和其他运输服务）和信息技术业（电信和其他信息传输、

软件和信息技术服务）与其他非试点行业的生产率变化的差异。当企业属于交通运输业时，取值为1，非试点企业取值为0；类似地，当企业属于信息技术业时，定义信息技术变量取值为1，非试点企业取值为0。需要说明的是，在评估对象时，需要排除其他试点企业的影响，以准确评估试点企业的生产率效应。

表4.6　“营改增”与企业生产率

变量	(1)	(2)	(3)	(4)
	总样本	总样本	“1+6”行业	上海+8省市
产业互联×营改增		9.255*** (2.521)	13.662*** (3.050)	10.342*** (2.768)
产业互联		-1.935 (4.271)	-5.750 (4.590)	-3.210 (4.770)
营改增	-0.018 (0.033)	-0.589*** (0.154)	-0.884*** (0.192)	-0.646*** (0.170)
企业规模	0.433*** (0.021)	0.439*** (0.021)	0.447*** (0.021)	0.390*** (0.025)
企业年龄	1.732*** (0.123)	1.794*** (0.124)	1.825*** (0.127)	1.870*** (0.147)
资本密集度	-0.003 (0.014)	-0.003 (0.014)	-0.008 (0.014)	-0.016 (0.016)
研发	0.033 (0.034)	0.033 (0.034)	0.036 (0.035)	0.025 (0.039)
补贴	-0.002 (0.031)	-0.004 (0.031)	-0.001 (0.032)	-0.005 (0.038)
融资约束	0.063** (0.031)	0.060* (0.031)	0.062** (0.031)	0.049 (0.036)
常数	-27.151*** (2.103)	-28.215*** (2.116)	-28.852*** (2.161)	-28.873*** (2.515)
企业固定效应	yes	yes	yes	yes

续表

变量	(1)	(2)	(3)	(4)
	总样本	总样本	“1 +6”行业	上海 +8 省市
省份—年份效应	yes	yes	yes	yes
Within R^2	0. 325	0. 328	0. 334	0. 276
样本数	3966	3966	3811	2967

注：*、** 和 *** 分别表示 10%、5% 和 1% 的显著性水平，括号内为标准误。

表 4. 7 的第（1）列和第（2）列分别报告了交通运输业和信息技术业的“营改增”的生产率效应。“交通运输 × 产业互联 × 营改增”和“信息技术 × 产业互联 × 营改增”是我们关系的主要变量。结果显示两者系数存在鲜明反差，前者系数为负且不显著，后者系数在 1% 水平上显著为正，意味着交通运输业与其他行业之间没有显著的生产率差异，而信息技术业的生产率相对于非试点企业在“营改增”之后得到显著提高。这就说明即使在产业互联度相同的情况下，不同行业的生产率效应并不完全同步，进一步说明产业互联度是影响“营改增”生产率效应的关键因素，但并不是唯一因素。

表 4. 7　　进一步拓展：基于异质性的检验

变量	交通运输行业	信息技术行业	国有企业	补贴	研发	融资约束
	(1)	(2)	(3)	(4)	(5)	(6)
X × 产业互联 × 营改增	-58. 564 (44. 385)	19. 772*** (6. 104)	1. 883 (4. 067)	4. 296 (7. 109)	9. 957** (4. 239)	-2. 341 (3. 788)
X × 营改增	3. 526 (2. 846)	-0. 985*** (0. 364)	-0. 169 (0. 248)	-0. 217 (0. 514)	-0. 647** (0. 283)	1. 536* (0. 910)
X × 产业互联	34. 374 (25. 714)	-7. 569** (3. 366)	-0. 059 (4. 059)	-0. 554 (0. 575)	-2. 151** (0. 843)	0. 156 (0. 252)
产业互联 × 营改增	49. 869 (40. 327)	-41. 030** (16. 176)	5. 008 (3. 392)	2. 165 (6. 983)	5. 222* (2. 811)	6. 666*** (2. 343)

续表

变量	交通运输行业	信息技术行业	国有企业	补贴	研发	融资约束
	(1)	(2)	(3)	(4)	(5)	(6)
产业互联	4.534 (5.524)	7.328 (4.821)	5.042 (4.185)	4.916 (3.588)	1.419 (4.204)	3.264 (3.523)
营改增	-3.326 (2.857)	2.077** (0.940)	-0.281 (0.201)	-0.162 (0.505)	-0.278 (0.194)	-0.396*** (0.142)
企业规模	0.425*** (0.022)	0.373*** (0.019)	0.367*** (0.018)	0.369*** (0.018)	0.377*** (0.018)	0.372*** (0.018)
企业年龄	1.649*** (0.208)	0.834*** (0.124)	0.933*** (0.117)	0.930*** (0.117)	0.925*** (0.119)	0.927*** (0.117)
资本密集度	0.050*** (0.014)	0.024** (0.012)	0.024** (0.011)	0.024** (0.011)	0.020* (0.012)	0.023** (0.011)
研发	0.033 (0.033)	0.026 (0.030)	0.038 (0.028)	0.036 (0.028)	0.127*** (0.045)	0.035 (0.028)
补贴	-0.026 (0.028)	-0.040 (0.027)	-0.031 (0.026)	-0.017 (0.032)	-0.028 (0.026)	-0.031 (0.026)
融资约束	0.033 (0.030)	0.054** (0.026)	0.063** (0.025)	0.062** (0.025)	0.065** (0.025)	0.007 (0.040)
常数	-27.456*** (3.705)	-10.623*** (2.050)	-12.747*** (1.955)	-12.958*** (1.986)	-12.299*** (1.956)	-12.734*** (1.973)
企业固定效应	yes	yes	yes	yes	yes	yes
省份—年份效应	yes	yes	yes	yes	yes	yes
Within R^2	0.348	0.325	0.333	0.334	0.342	0.334
样本数	2963	3531	3891	3891	3736	3891

注：X是指不同标准分类的二值变量，具体分类标准见首行各列说明；*、**和***分别表示10%、5%和1%的显著性水平，括号内为标准误。

之所以产生这种差异性后果，我们认为，至少可以从两个方面进行讨论：一是行业自身技术及服务空间上的显著差异，导致“营改增”生产率效应的不同。由于信息技术业在技术更新周期、投入成本和准入“门槛”等方面具有相对优势，更容易激励这部分企业提升研发创新行为，进而获取技术进步、市场势力，进而生产率提升较快。二是根据税负转嫁理论进行解读（李成和张玉霞，2015）。“营改增”之后，交通运输业税率上升较高，使得税负转嫁困难，与其不同，信息技术业税率上升较小，使得税负转嫁相对容易得多。这是因为虽然交通运输业的进项额度较大，但是固定资产折旧、采购等投资行为都有一定的周期性，这就使得交通运输业的税负压力更大，进而对企业生产率的提升容易产生抑制作用。因此，可以认为较高的增值税税率对“营改增”的生产率效应产生了不利的影响。

企业所有制属性与生产率间关系一直是学术界关注的焦点，论证了二者之间存在非常微妙的关系。以中国为研究对象，普遍证实了国有企业的生产率低于非国有企业，对于同一税制改革，不同所有制企业的生产率效应是否一致？与表 4.4 定义企业所有制属性的办法一致，进一步考察“营改增”对不同所有制企业生产率的差异性影响。第（3）列回归结果显示，“国有企业 × 产业互联 × 营改增”系数为正，但不显著，表明“营改增”改革对国有企业的生产率提升未显著高于对非国有企业的贡献。同时，表明了即使企业的产业互联度一致，所有制的不同使得企业对待生产率提升的灵敏度（动机）存在较大差异。背后的原因可能在于国有企业的资源配置扭曲程度弱化了“营改增”的生产率效应。

政府补贴作为企业政治关联的代理变量，对维系政企关系、降低寻租成本及生产成本等方面具有重要优势，然而对“营改增”的生产率效应方面是否具有显著的推动作用？第（4）列给出了这一疑问的答案。遗憾的是，“国有企业 × 产业互联 × 营改增”系数虽然为正，但不显著，说明政府补贴并没有带来预期的促进作用。这就说明政府补贴不是“营改增”改进企业生产率的推动因素，生产率效应的体现更可能与企业所属行业的技术应用程度密切有关。

研发是生产率进步的重要因素（Higon，2007；Aw et al.，2008），在产业互联的研究框架下，“营改增”的生产率效应是否依然存在？能否成为发挥生产率效应的助推器？我们对此进行检验，第（5）列报告了这一回归结果，结果显示，“研发×产业互联×营改增”系数在5%水平上显著为正，表明研发行为确实是促进“营改增”生产率效应显著存在的关键要素。

以往研究普遍证实了融资约束对企业生产率的抑制作用，但我们想进一步考察其是否也显著抑制“营改增”的生产率效应？第（6）列的“融资约束×产业互联×营改增”回归结果显示，这一系数虽然为负，但不显著，说明融资约束并不构成“营改增”生产率效应的决定性因素，低融资约束的企业并不必然获得更高的生产率效应，高融资约束的企业也可以利用“营改增”机会，改善企业生产效率。对于高融资约束的企业而言，更重要的是可以利用“营改增”化解企业的融资约束难题，例如，可以通过深化专业化分工分离不良资产，提升产品研发创新能力等途径提升企业生产效率。

由于固定效应模型测算企业TFP时，随机误差项必须满足严格外生的假定较为苛刻，为佐证基准回归结果的稳健性，我们将通过其他核算企业TFP的方法进行检验。

首先，采用非参数方法中的DEA－Malmquist方法测算企业TFP。该方法最初由马姆奎斯特（Malmquist，1953）提出，而后经过查尔斯等（Charnes et al.，1978）、凯夫斯（Caves，1982）对DEA与生产率测算的整合，在测算企业TFP的实证研究中逐渐被广泛应用，当前所使用的DEA－Malmquist指数测算方法主要由菲尔和格罗斯科普夫（Färe and Grosskopf，1994）进一步发展。该方法是利用距离函数的思想计算投入产出效率。该方法的优势在于不需要相关价格信息，也不需要成本最小化及利润最大化等约束条件，能够较好地弥补参数法对生产函数假定的缺陷及对样本量的要求。更为重要的是，能够将全要素生产率分解为技术变化、技术效率变化、纯技术效率变化、规模效率变化，能够更好地观测企业生产率构成要素的变化。

不过，使用DEA－Malmquist方法测量效率结果的准确与否，很大程度上取决于测算过程中所使用的投入和产出指标。这里借鉴李心丹

（2003）研究上市公司TFP时，所选择的输出指标 $y1$ 为营业收入、$y2$ 为营业利润，输入指标 $x1$ 为营业成本、$x2$ 为营业税金及附加、$x3$ 为各项费用（销售费用+管理费用+财务费用）、$x4$ 为总资产。此外，DEA - Malmquist 生产率指数测算过程中不能识别投入或产出为负值的情况，而财务费用和营业利润指标，均有统计为负值的样本，对此根据通常做法，对相关变量进行标准化的无量纲处理。

其次，如果随机误差项不满足严格外生假定，或者指标存在测量误差，固定效应模型得到的TFP估计结果可能比OLS得到的结果差。此外，通常固定效应模型也存在低估资本产出弹性的争议。因此，基于稳健性的考虑，我们这里采用OLS方法首先测算出资本和劳动要素的产出弹性，在此基础上进行TFP的测算。

再次，基于近似全要素生产率（Approximate TFP，ATFP）的测算（Head and Ries，2003；Mairesse and Griliches，1990；李春顶，2010），其核心仍是索洛残值法思想，延续了参数法的优势，而且计算方便。计算公式为 $TFP=\ln(Q/L)-s\cdot\ln(K/L)$。基于豪尔和琼斯（Hall and Jones，1999）的做法，设定 $s=1/3$。本章也作出这一假定，是因为较多的文献采用了这一做法。此外，李春顶（2010）的研究也指出1/3的资本贡献不会偏离我国企业实际太多。Q、L、K 分别采用企业主营业务收入、职工人数、固定资产（何光辉和杨咸月，2012）进行衡量，也有学者使用总资产衡量企业资本投入（李春顶和赵美英，2010）。对此我们分别进行检验，其中第（3）列的资本投入采用的是固定资产，第（4）列采用的是总资产衡量。

最后，以劳动生产率度量企业的生产率（李春顶，2010），使用ln（主营业务收入/职工人数）表示。综合表4.8回归结果可以看出，不同方法的回归结果一致显示，“产业互联×营改增”系数至少在5%水平上显著为正，稳健地支持表4.6的基准结果，即进一步地证实在产业互联因素的作用下，“营改增”显著提升企业的生产效率。

表 4.8 稳健性检验

变量	DEA－Malmquist 法	OLS 法	近似 TFP 法 1	近似 TFP 法 2	劳动生产率法
	(1)	(2)	(3)	(4)	(5)
产业互联×营改增	6.798** (2.874)	9.433*** (2.805)	9.495*** (2.947)	9.328*** (2.614)	8.668*** (2.904)
产业互联	－15.795*** (4.261)	－1.512 (4.752)	－1.364 (4.993)	－1.760 (4.428)	－0.702 (4.922)
营改增	－0.349* (0.179)	－0.625*** (0.172)	－0.638*** (0.181)	－0.604*** (0.160)	－0.588*** (0.178)
企业规模	0.067*** (0.019)	0.209*** (0.023)	0.128*** (0.024)	0.010 (0.021)	0.125*** (0.023)
企业年龄	0.017 (0.045)	2.044*** (0.138)	2.131*** (0.145)	1.897*** (0.129)	1.830*** (0.138)
资本密集度	－0.009 (0.013)	－0.048*** (0.015)	－0.098*** (0.016)	0.133*** (0.014)	0.219*** (0.016)
研发	0.038 (0.034)	0.000 (0.037)	－0.011 (0.039)	0.020 (0.035)	－0.036 (0.039)
补贴	－0.038 (0.029)	－0.025 (0.035)	－0.033 (0.036)	－0.013 (0.032)	－0.070** (0.036)
融资约束	0.079*** (0.029)	0.072** (0.034)	0.076** (0.036)	0.065** (0.032)	0.089** (0.035)
常数	0.636 (0.758)	－32.377*** (2.354)	－33.832*** (2.473)	－29.936*** (2.194)	－28.967*** (2.384)
企业固定效应	yes	yes	yes	yes	yes
省份—年份效应	yes	yes	yes	yes	yes
Within R^2	0.082	0.178	0.152	0.138	0.183
样本数	3580	3966	3966	3966	3971

注：*、** 和 *** 分别表示 10%、5% 和 1% 的显著性水平，括号内为标准误。

4.6 小　结

既有文献对“营改增”政策评估的讨论，并没有充分关注“营改增”对企业出口及生产率的影响。本章以中国服务业上市公司为主要研究对象，基于2012年中国投入产出表细分139行业直接消耗系数矩阵与其对应的增值税税率，测度了行业层面的产业互联度，然后利用“营改增”改革在不同地区、不同行业逐步展开的自然实验机会，利用三重差分方法评估了“营改增”改革对企业出口行为及生产率的影响。

结论显示，从整体上来看，“营改增”对企业出口及生产率的贡献非常有限，但是这并不能否定“营改增”的积极作用。因为我们的研究发现，企业所属行业的产业互联度是影响“营改增”的出口效应及生产率效应的关键要素，只有具备一定的产业互联度的企业，才能享有改革带来的出口深化和生产率进步，且产业互联度越高，出口效应及生产率效应越显著。但是研究也发现，“营改增”对企业出口倾向的宽化作用有限，最直接的原因可能在于税收优惠降低了企业的出口成本，深化了企业的出口行为，但是如果企业不倾向于出口，即使出口成本下降再多，也享受不到税收优惠的好处，从而“营改增”改革对企业出口行为的贡献主要体现在出口的深化效应方面。

此外，我们还发现，试点越早的地区和行业，其出口行为的深化及生产率的提升要高于总体水平，这就说明“分步式”的改革策略一定程度上破坏了增值税链条的完整性，从而弱化了改革的净效应。这是因为增值税税种与其他税种不同，上下游制衡的内在特点使得其改革策略不能简单地套用传统的试点改革策略。

从“营改增”改革的异质性效应来看，并不是所有企业都获得了改革净效应。国有企业由于自身“软预算约束”性质导致其出口及生产率效应不显著；信息技术业及研发企业在“营改增”改革中取得了显著的生产率进步，是推动“营改增”生产率效应的重要主体之一，而交通运输业与非试点企业相比，生产率没有发生显著变化；政府补贴虽然在生产成本降低、获取政策资源等方面具有显著优势，但是这并不能成为影响“营改增”生产率效应的重要因素；融资约束并没有显著负向影响“营改增”生产率效应，这就说明即使企业存在一定的融资约束，但还是有机会获得“营改增”带来的生产率进步。

第 5 章

“营改增”对制造业企业绩效的影响：基于前向关联和后向关联的视角

5.1 引　　言

2012 年 1 月 1 日起，在上海的交通运输业和部分现代服务业率先实施了“营改增”，随后在分地区和分行业逐步扩围，并于 2016 年 5 月 1 日起，在剩余的服务业全面实施“营改增”。服务业“营改增”之后，制造业和服务业将实施相同的税制，这将有利于打通制造业和服务业之间的抵扣链条，消除重复征税弊端，扩大产业间的分工与协作，这实际上不仅有利于提升生产性服务业的专业化分工，而且有利于制造业部门以更低成本获取更加专业的生产性服务业支撑，进而有利于生产部门专心从事培育自身核心竞争力，提升其生产效率。然而，服务业部门的“营改增”改革能否真正推动制造业的发展？这一假设尚未得到严谨的经验研究的证实。

在以往研究增值税改革效应的文献中，主要关注增值税变革对宏观经济增长（Smart and Bird，2009a；Ferede and Dahlby，2012）、财政收入（Blagrave，2005）、福利分配（Go et al.，2005；García - Enríquez and Echevarría，2016）、经济效率（Adhikari，2015）等方面的影响，也有部分文献考察了对企业出口行为（Chandre and Long，2013）、ROE（Yin，2015）、现金流（Salia，2016）等方面的贡献。这些文献丰富了我们对增

值税的全面认识，但是探究中国服务业的“营改增”改革与制造业发展之间存在怎样的关系尚不明朗。

就其背后的理论逻辑而言，由于不同地区的服务业推行“营改增”的时间不同，因而不同地区的制造业受到的关联性影响也就有所不同。虽然此次税制改革并未涉及制造业本身，但是因为它们与服务业有产业间的前后向关联关系，所以理论上，服务业部门的“营改增”改革将会通过产业链传递到制造业。基于此，借鉴贾沃克（Javorcik，2004）考察外商直接投资对国内生产率的影响提出的产业关联思想，依据2012年中国投入产出表细分139行业基本流量表，测算制造业和“营改增”服务业之间的后向关联和前向关联指数，以区分产业分工的差异对税制改革的影响。

“营改增”在试点地区的税制改革，直接影响到企业的进项抵扣，进而对企业生产和销售决策产生不同影响，而非试点地区没有发生税制变化，这就为评估“营改增”对制造业企业绩效的影响提供了良好的处理组和对照组。基于产业间的后向关联和前向关联差异，以2009～2013年中国国有及规模以上非国有制造业企业数据为研究对象，利用三重差分方法详细研究服务业“营改增”对制造业企业绩效的影响。研究发现，“营改增”改革显著促进了制造业企业绩效的提升，特别地，与服务业后向关联和前向关联越高的制造业企业，改革效应越显著。这也就意味着服务业和制造业之间的产业分工程度是推动改革效应深化的重要机制。此外，我们还发现，由于利润最大化目标的差异，国有企业的这一改革效应要弱于非国有企业；而出口密集度越高的企业，由于其产品主要销往国外，因此其后向关联效应不显著。

本章的研究成果主要表现在以下三个方面：（1）与已有文献关注服务业税制改革对自身的影响不同，我们还关心对关联制造业发展产生怎样的影响，并首次进行了定量分析。（2）本章以大样本的企业微观数据为研究对象，丰富了税制改革与企业绩效关系方面的经验探索，也为增值税改革的深入发展提供了改革方向。（3）以后向关联和前向关联为研究视角，为评估服务业税制改革如何影响制造业的发展提供了可能的作用机制，也诠释了税制改革效应差异产生的源泉。

5.2 理论分析与研究假说

上面基于产业互联的视角论证了“营改增”对服务业减税、分工、出口、生产率等方面的增进作用，在改革后，“营改增”服务业由于实行了与制造业相同的增值税，抵扣链条的扩大势必影响上下游行业的产品生产决策和销售空间布局。因此，这一税制改革能否也对制造业的发展产生显著的推动作用？如果显著存在，又是如何产生的？是否存在内部差异？我们首先通过模拟分析进行讨论。

假如一个封闭的市场中有服务业和制造业两个行业，在制造业和服务业内部各自分别仅有两家企业，分别为对方行业提供产品供给和需求。由于地区的差异，一家是“营改增”试点企业 A1，一家是非“营改增”企业 A0，两企业生产同质的产品，且与两家制造业企业 B 和 C 有着相同的运输距离。在“营改增”前，由于服务业实行营业税，制造业实行增值税，两者不同的税制安排使得对产业间的贸易受到限制，对服务业企业而言，A1 和 A0 向制造业采购产品的成本是相同的；在“营改增”后，“营改增”企业 A1 和制造业企业实行的是相同的增值税税制，非“营改增”企业 A0 与制造业企业的贸易关系没有发生变化，税制的变化使得 A1 企业打算向制造业 B 采购一笔大额订单，如果两企业完成了这一交易，一方面，服务业 A1 因为采购的中间产品可以进项抵扣所以不会增加企业税负；不仅如此，A1 企业因为这一有利的税制安排可以从制造业 B 或其他制造业企业进行采购，从而集中精力发展主营业务，分离辅助业务，进而有利于提升企业的生产效率和经营绩效。另一方面，A1 企业和制造业 B 之间完成的产品交易，也将直接提高制造业 B 的销售收入。在这一“营改增”过程中，A1 企业和 B 企业通过中间贸易均获得企业绩效的提升，然而 A0 企业和 B 企业之间由于实行的仍然是不同的税制，可能就不会影响到这类企业的原有经营模式，采用取纵向一体化生产方式来自营制造业 B 的类似产品，还是扩大采购含税价格的 B 企业产品，从企业生产成本最小化的最优决策来说，可能更容易采取前者的生产方式，这就可能导致企业生产范围超出最优生产规模，降低企业生产效率。因此，从这个角度来说，“营改增”在部分服务业的扩围，将有利于“营改增”服务业和制造业的分工与协作，促进双方行业的发展。由此可见，一致的税制安排在产业的发展过程中发挥着关键性的作用，为市场在资源配置中起决定性作用奠定良好的税制基础。

作为对比，制造业的另一企业 C，如果 A1 企业对其产品的需求很小或不需要其提供产品供给，那么服务业“营改增”对 C 企业的企业绩效影响就很小。反之，如果制造业 B 企业需要服务业 A1 企业和 A0 企业的产品服务，在“营改增”之后，对于 B 企业而言，在其他相同的约束条件下，会理性的选择 A1 企业作为供应商，同样地，这有利于制造业 B 的进项抵扣，也推动了“营改增”服务业企业绩效的提升。而非“营改增”企业 A0 在这一税制改革过程中，由于“营改增”试点地区的选择，人为地破坏了增值税链条的完整性，不仅导致 A0 和 A1 企业因为政策的因素导致了不公平竞争，也不利于服务业与制造业的全面分工与协作。这是否会影响“营改增”改革的平均效应，这是我们所需要检验的第一个问题。

在这个案例演绎中，我们已经推导出服务业“营改增”可能会对制造业企业的绩效产生重要影响。然而，在制造业内部，享有的政策效应是否存在显著差异？产生这种差异的关键因素是什么？这是我们所需要回答的第二个核心问题。如果一个制造业企业 B 的下游行业中对服务业 A1 的供给比重越大，那么下游服务业 A1 的“营改增”改革能更明显地促进制造业企业 B 的增长（因为 A1 将更多地向 B 采购中间品）；同理，一个制造业企业 B 的上游行业中如果服务业 A1 比重越大，那么上游服务业 A1 的“营改增”改革能显著影响制造业 B 的进项抵扣能力以及专业化分工动机，进而影响制造业经营绩效，这就是分工效应。接下来最重要的是如何度量分工效应的差异？正如引言所言，制造业向服务业供给的后向关联以及制造业向服务业需求的前向关联，为研究“营改增”改革如何影响制造业发展提供了理论依据。据此，我们提出以下假说：

研究假说 1：服务业税制改革对制造业企业绩效有显著的促进作用，

这一促进作用在后向关联和前向关联程度越高的企业更加显著。

不过，研究假说1检验的只是“营改增”对制造业企业绩效的平均效应，是否还会因为企业的特征而存在改革效应的不同，对此，有必要对改革效应的内部差异进一步检验。

由于政府部门对国有企业的绝对控股，这就决定了国有企业不仅关注企业的经济绩效，同时也需承担更多的社会绩效，也就是“软预算约束”(Soft - Budget Constraint)。换而言之，国有企业的目标函数可能并不是严格意义上的利润最大化追求，从而这种所有制特征就可能会使得国有企业对服务业“营改增”改革的反应较之非国有企业的敏感性较弱。基于此提出相应的假说：

研究假说2：国有企业的税制改革效应弱于非国有企业。

如果上游制造业企业具有较高的出口密集度，那么企业与服务业的后向关联效应就可能弱化。这是因为企业较少地为国内服务业企业提供产品，将产品主要销售国外，而国外并不会受到国内“营改增”改革的影响，因而出口强度越高的制造业企业，与服务业的后向关联效应可能越弱。因此，提出以下假说：

研究假说3：对外贸易的后向关联效应不显著。

5.3 前向关联和后向关联的度量

根据理论分析，基于贾沃克（2004）提出的产业关联思想，依据制造业和“营改增”服务业之间的供给和需求关系，区分为后向关联和前向关联，借此视角评估“营改增”改革对制造业和服务业企业绩效的不同影响。具体来说，当某行业向“营改增”服务业提供要素投入时，该行业就是“营改增”服务业的上游行业，得到的就是后向关联指数，其表征的是“营改增”服务业对制造业的产品需求强度，该指数越高，意味着制造业和“营改增”服务业之间的后向关联越强。类似地，前向关联系数刻画的是其他制造业部门对“营改增”服务业部门提供的服务性投入的需求程度，该指数越高，意味着制造业和“营改增”服务业之间的前向关联越强。

为了较好地反映出“营改增”通过产业后向关联对制造业企业绩效的作用机制，我们在参照贾沃克（2004）关于如何计算 FDI 与国内生产率之间后向关联的基础上，使用如下的公式来计算后向关联 BL（backward linkages）：

$$BL_i = \sum_j a_{ji} / \sum a_i \qquad (5.1)$$

其中，a_{ji}为投入产出关系中的基本流量表，反映了第 i 个制造业行业的投入品中，直接被第 j 个“营改增”行业用作中间投入使用的量，由于我们研究的是服务业“营改增”改革的作用，在样本期内并不是所有的服务业都被纳入“营改增”，因此分子仅限于“营改增”改革行业[①]；分母表示制造业 i 向所有行业（139 部门）供给的量（包括 $i=j$），即投入产出表中的中间使用合计。根据公式（5.1），BL_{it} 反映的是制造业 i 的下游产业链中的“营改增”服务业 j 比重，拟用来刻画制造业供应商与下游“营改增”服务业之间的后向关联程度。

FL 为前向关联（forward linkages）效应，反映的是制造业行业 j 所用到的“营改增”服务业 i 的投入量占全部上游行业的比重。用公式表示为：

$$FL_j = \sum_i a_{ij} / \sum a_j \qquad (5.2)$$

其中，分子 a_{ij} 表示第 j 个行业所使用的第 i 个行业的中间投入，分母表示第 j 行业的中间投入合计（$j=1, 2, \cdots, 139$）。根据公式（5.2），FL_j 反映的是制造业 j 的上游行业中来自“营改增”行业的中间投入占全部行业中间投入的比重，即“营改增”服务业供应商与下游制造业之间的前向关联程度。FL_j 越高，“营改增”服务业对下游制造业的进项影响越大，前向关联程度越高。

① 由于我们的研究样本限于 2009 ~ 2013 年国有及规模以上制造业企业，因此“营改增”服务业不包括 2014 年开始实施的铁路运输业、邮政业、电信业。具体到 2012 年中国投入产出表 139 部门中，“营改增”服务业是指道路运输、航空运输、水上运输、管道运输、装卸搬运和运输代理、仓储、软件和信息技术服务、租赁、商务服务、研发和实验发展、专业技术服务、科技推广和应用服务、新闻和出版、广播、电视、电影和影视录音制作等 14 个行业。

5.4 研究设计

5.4.1 模型构建与变量选择

基于“营改增”在不同地区逐步展开的特点，本章将利用倍差法模型考察税制变革对制造业企业绩效的影响，并检验与“营改增”服务业关联程度不同的制造业子行业，是否其受到税制改革带来的经济绩效存在显著差异。根据制造业与服务业部门之间前向关联和后向关联的定义，建立交互项的方式来评估这种效应：

$$Y_{ijt} = \beta_0 + \beta_1 BL_k \times Reform_{it} + \beta_2 FL_k \times Reform_{it} + \beta_3 Reform_{it} + \gamma X_{ijt} + \eta_j + \xi_{it} + \varepsilon_{ijt} \tag{5.3}$$

其中 k 是行业、i 是地区、t 是年份，j 是企业。Y_{ijt}表示 i 地区 j 企业在 t 年的企业绩效，这里主要包括营业收入、工业销售产值、工业总产值等产出指标；BL、FL 分别表示制造业与“营改增”服务业之间的后向关联和前向关联指数；$Reform_{it}$是指 i 地区在 t 年是否进行“营改增”改革，即某地区在实施“营改增”改革之后，取值为1，其他地区均取值为0；X 为影响企业绩效的协变量；η_j 和 ξ_{it}分别表示企业个体固定效应和省份与时间交互固定效应，前者用来控制随企业变化但不随时间变化因素的影响，后者用来控制不同省份内部的时间趋势差异；ε 表示随机误差项。

借鉴已有文献研究企业绩效的一般做法，对影响企业绩效的其他重要因素进行控制，以降低因遗漏关键变量引起的有偏估计。主要包括以下控制变量：

（1）企业相对规模，企业规模是影响企业经营绩效的重要因素，一般而言，规模越大的企业，经营绩效可能会越好。这里以企业资产总计占所属行业资产总计的比重表示①，这样衡量的好处是不仅能够规避价格变化的影响，而且也能够消除行业规模差异的冲击。

（2）企业年龄，通常年龄越大的企业由于其市场经验较为丰富、企业管理体制较为成熟等，因而经营绩效也相对较好。因此，企业年龄可能会是影响企业绩效的重要因素，这里以“统计年份 - 开业年份 + 1”表示。

（3）资产负债率，不同资产与负债结构的企业，其经营绩效往往存在显著差异，这里用负债总计与资产总计之比表示。

（4）融资约束，当企业面临的融资成本越低时，企业越容易从外部获得融资，融资约束越低，对企业绩效可能更具有正面作用。因此，这里借鉴李和于（Li and Yu，2009）的做法，使用 ln(利息支出 + 1）表示。

（5）市场营销，该指标能够反映企业开拓市场的努力程度，与企业绩效密切相关，这里使用包括广告费在内的营业费用占资产总计的比例表示。

（6）出口密集度，外向型企业可能在市场范围、产品质量等方面比内向型企业更具优势，因此，预期出口程度越高的企业，企业绩效越显著。这里使用企业出口交货值占资产总计的比重表示。

5.4.2 数据来源与处理

本章的核心数据来自 2009 ~ 2013 年中国国有企业及规模以上非国有制造业企业数据库②，之所以选择这一期间，因为2009 年起在全国制造业全面实施了消费型增值税，这与之前生产型增值税有较大差异，选择 2009 年之前的数据就可能对评估“营改增”的改革效应产生其他政策冲击，因此选择 2009 年之后的样本年份作为研究的对象。近年来该数据在国内外文献中得到广泛采用，虽然该数据样本量大、可靠性强，但也存在

① 所属行业是指企业所匹配的中国投入产出表中的 139 行业。

② 该数据属于非公开数据，目前所能获得的数据最新年份为 2013 年。基于这一数据库的文献普遍使用的是 1998 ~ 2007 年，我们这里所使用的是 2009 年、2012 年和 2013 年的数据，事实上，我们也获得了 2010 ~ 2011 年数据，非常遗憾的是，这两年数据通过与统计局公开的工业统计年鉴加总结果进行比较，发现企业加总值与全国分行业的统计值存在较大差异，可靠性较差，因此选择改革前后的这三年数据，也能够满足研究的需要。

主观或客观的错误统计，需要对此进行精细的数据处理。特别是2009年之后的统计指标，存在着企业组织代码不全、行业代码变更、地理位置不详、注册类型错位等关键信息的错误，因此需要借助相关信息对此进行匹配与处理。

1. 跨年度数据的匹配与处理

第一步，对各年数据的基本处理。根据企业名称，删除各年的重复值，其中2009年152707个重复值，2012年250个重复值，2013年227个重复值。

第二步，交叉匹配处理。首先，对2009年、2012年、2013年样本分别根据企业名称和企业代码进行两次分组，然后考察同一名称组下的企业是否分属于不同的代码组，若是，则将这些不同代码组内的所有企业都归为一组，即修改、补充登记过程中存在错误或缺失的企业代码，首次合并获得156319个不同代码组的样本；然后，以企业代码组为基础，修改、补充相同企业代码但企业名称不同的样本，例如，曲阳县新蕾雕刻有限公司和曲阳新蕾雕塑集团有限公司，第二次合并获得10423个样本；再以企业名称组为基础，获得企业名称相同但企业代码不同的样本，第三次合并处理47815个样本；以企业名称组和企业代码组分别为分组依据，循环匹配，直至企业代码组和企业名称组的分组相同。最后，还需要对匹配后的样本是否存在年份重复的观测值进行删除处理，其中企业单位组的年份重复值计234个，企业代码组的年份重复值计244个。

第三步，模糊匹配处理。针对2009年部分企业的企业代码缺失且在2012年之后企业名称又发生变化，无法根据交叉匹配进行匹配的样本进行删除，共计59157个样本。

第四步，保留制造业企业样本，删除采矿业、电力、热力、燃气及水生产和供应业，最终得到835382个观测值。

2. 行业代码匹配与处理

由于2009年和2012年使用的是2002年的国民经济行业分类（GB/T4754－2002），2013年使用的是2011年国民经济行业分类（GB/T4754－2011）。这就使得同一家企业所属行业代码产生差异。因此，需要对企业所属行业代码进行统一。基本思想是，根据 2011 年国民经济行业分类代码中的细分子行业的关键词（唯一性、排他性）与企业主营产品或企业名称中的关键词进行字符串匹配（唯一性、排他性），然后替换行业代码。

第一步，根据工业企业数据中的行业代码为基本依据，确定企业所属行业；第二步，识别出样本期间企业所属行业不一致的样本，定位出这些样本均是 2012 年开始出现的企业；第三步，以 2011 年国民经济行业分类为依据，对第二步定位的不一致样本的所属行业进行核实，以企业第一大主营业务产品为标准，汲取主营产品中的关键词，使用 strmatch 命令与 2011 国民行业分类相应关键词进行手工匹配，而对无法精确匹配和 strmatch 不完全的样本，手工逐一匹配，确定企业所属行业，共计 83976 个样本。

3. 地区代码匹配与处理

对于地区代码统计缺失或错误的部分样本，根据企业名称中的所属省市县信息，确定企业的省份归属地，对于根据企业名称无法确定归属地的样本，根据互联网资源（如百度百科、企业官方网站等）进行手工核实。

4. 登记注册类型匹配与处理

对样本期内登记注册类型缺失或错误的样本，根据准确年份的登记注册类型进行匹配修改，共计 45767 个样本，然后定义企业所有制属性①。

基于中国投入产出表细分 139 行业基本流量表，测算行业层面的前向关联和后向关联指数。需要说明的是，在中国工业企业所属行业（国民经济分类行业代码 2011）与投入产出表 139 行业进行匹配时，存在部分行业无法匹配对应的样本，即如果企业所属行业在投入产出表中无对应行业，暂归入相近的其他行业中，然后在对这些无法准确匹配的样本进行删除，以免引起企业所属行业关联指数的错误匹配导致模型估计产生偏误。需要删除的行业分别是其他食品业（投入产出表对应行业代码：22）、其

① 根据匹配后的企业登记注册类型代码，进行合并处理，其中国有企业 = 110 + 141 + 151 + 143；集体企业 = 120 + 142；法人企业 = 130 + 149 + 159 + 160 + 190；私营企业 = 171 + 172 + 173 + 174；港澳台企业 = 210 + 220 + 230 + 240 + 290；外资企业 = 310 + 320 + 330 + 340 + 390。事实上，根据企业的实收资本金类型更能及时反映企业的所有制性质，然而 2009 年缺少统计，其他年份缺失也较大。因此，以登记注册类型为标准划分企业所有制。

他通用设备（行业代码：70）、其他专用设备（行业代码：74）、其他交通设备制造（行业代码：79）、其他电气机械和器材（行业代码：85）、其他电子设备（行业代码：91）、其他制造产品（行业代码：93）。

此外，企业营业收入、工业销售产值和工业总产值是本章的关键因变量，为规避价格因素的影响，这些变量均以2009年为基期的工业出厂品价格指数进行价格平减，并取自然对数表示，以降低异方差的影响。除融资约束变量经过2009年工业出厂品价格指数PPI进行平减外，其他控制变量无须进行价格平减，因为比值型变量已经剔除了价格因素的影响。最后，对匹配后的数据存在明显错误或不符合会计处理准则的样本进行了删除处理：企业营业成本、营业收入、主营业务成本和主营业务收入小于等于0的样本，共计90个样本；工业销售产值和工业总产值小于等于0的样本，共计1109个样本；企业资产负债率大于1或小于0的样本，共计22672个样本；市场营销大于1或小于0的样本，共计22503个样本，出口交货值大于资产总计的样本，共计68184个样本；企业从业人员少于8人的样本，共计1009个样本。

经过以上样本匹配与处理，为评估税制改革对制造业企业绩效的影响奠定良好的数据基础。表5.1列示了改革前后的试点省份（处理组）与非试点省份（对照组）的均值统计及差异检验。可以发现，非试点省份与试点省份相比，均在1%水平上显著占有优势，这就说明非试点省份的企业绩效显著优于非试点省份。而在改革后，试点省份的企业绩效与非试点省份的差距明显缩小，而差距缩小的原因是否与“营改增”政策有关，这正是我们所要检验的核心问题。

表5.1　　变量的均值描述与检验

变量	改革前均值			改革后均值		
	对照组	处理组	均值差异	对照组	处理组	均值差异
营业收入	10.886	10.417	0.469 (0.005)***	11.593	11.309	0.285 (0.004)***
工业销售产值	10.886	10.410	0.476 (0.005)***	11.591	11.294	0.298 (0.004)***

续表

变量	改革前均值			改革后均值		
	对照组	处理组	均值差异	对照组	处理组	均值差异
工业总产值	10.914	10.435	0.479 (0.005)***	11.618	11.316	0.302 (0.004)***
企业相对规模	0.000	0.000	0.000 (0.000)***	0.000	0.000	0.000 (0.000)***
企业年龄	9.707	10.039	-0.332 (0.033)***	10.049	10.912	-0.863 (0.026)***
资产负债率	0.454	0.553	-0.099 (0.001)***	0.424	0.539	-0.115 (0.001)***
融资约束	3.738	3.506	0.232 (0.013)***	4.417	4.268	0.149 (0.012)***
市场营销	0.070	0.047	0.023 (0.000)***	0.076	0.059	0.017 (0.000)***
出口密集度	0.022	0.083	-0.061 (0.001)***	0.016	0.073	-0.056 (0.001)***

注：改革前均值检验使用的是2009年样本，改革后均值检验使用的是2013年样本；*** 表示在1%水平上显著，括号内为标准误。

从企业层面的特征差异来看，此次改革虽涉及较多方面的调整，但整体上仍没有改变企业的财务绩效的相对表现。无论是改革前还是改革后，处理组的企业年龄都显著大于对照组，但处理组的企业相对规模显著弱于对照组，此外，对照组在资产负债率、融资约束及市场营销方面均显著优于处理组，而处理组仅在企业出口密集度方面更具优势。这些特征说明“营改增”试点地区的选择对企业而言满足外生性要求。同时，对这些异质性因素进行控制，有利于准确评估企业绩效变化的税制原因。

5.5 实证结果及解释

5.5.1 平均效应

我们以经生产物价指数（PPI）平减后的企业营业收入、工业销售产值、工业总产值分别度量企业销售和产出的变化，定义改革变量 *Reform* 在试点之后取值为 1，其他均取值为 0，同时控制企业固定效应、省份—时间固定效应及其他相关因素的影响，并在企业层面聚类标准误，以降低标准误低估而引起政策改革效应显著性的高估。

表 5.2 列示了利用倍差法考察“营改增”对制造业企业营业收入的影响。第 1 个回归结果显示，在不考虑产业关联及其他相关因素影响的条件下，“营改增”对试点地区制造业企业营业收入的影响在 1% 水平上显著为正，意味着服务业“营改增”能够显著提高试点地区制造业企业营业收入。第（2）列在第（1）列回归的结果的基础上，对影响企业营业收入的其他相关因素进行控制后，发现 *Reform* 系数依然稳健，初步证实了“营改增”有利于推动制造业企业营业收入的提升，在“营改增”之后，试点企业比非试点企业的营业收入平均提高 13.77%（$e^{0.129}-1$）。那么这一效应产生的机制是什么？接下来我们通过产业关联的视角进行讨论。

表 5.2 服务业“营改增”对制造业企业营业收入的影响

变量	（1）	（2）	（3）	（4）	（5）
$BL \times Reform$			0.061*** (0.019)		0.058*** (0.019)
$FL \times Reform$				0.877*** (0.051)	0.876*** (0.051)

续表

变量	(1)	(2)	(3)	(4)	(5)
Reform	0. 118*** (0. 015)	0. 129*** (0. 016)	0. 126*** (0. 016)	0. 070*** (0. 017)	0. 067*** (0. 017)
企业相对规模		49. 148*** (6. 427)	49. 109*** (6. 423)	49. 234*** (6. 442)	49. 197*** (6. 439)
企业年龄		0. 002** (0. 001)	0. 002** (0. 001)	0. 002** (0. 001)	0. 002** (0. 001)
资产负债率		-0. 167*** (0. 008)	-0. 167*** (0. 008)	-0. 166*** (0. 008)	-0. 166*** (0. 008)
融资约束		0. 034*** (0. 001)	0. 034*** (0. 001)	0. 034*** (0. 001)	0. 034*** (0. 001)
市场营销		0. 980*** (0. 016)	0. 980*** (0. 016)	0. 979*** (0. 016)	0. 979*** (0. 016)
出口密集度		0. 246*** (0. 012)	0. 246*** (0. 012)	0. 245*** (0. 012)	0. 245*** (0. 012)
常数	11. 278*** (0. 015)	11. 103*** (0. 019)	11. 102*** (0. 019)	11. 097*** (0. 019)	11. 096*** (0. 019)
企业固定效应	yes	yes	yes	yes	yes
省份—年份效应	yes	yes	yes	yes	yes
Within R^2	0. 319	0. 380	0. 380	0. 380	0. 380
样本数	753134	633052	633052	633052	633052

注：BL 和 FL 不随时间改变，倍差法模型中无须控制；*、**、*** 分别表示在 10%、5% 和 1% 的水平上显著，括号内为标准误。

根据本章第二部分的理论分析，制造业和服务业之间的后向关联和前向关联可能是影响税制改革效应产生的主要作用机制，对此可评估制造业对服务业提供产品供给的后向关联效应，即将后向关联与地区改革变量及其二者之间的交互项纳入回归方程进行考察，第（3）列列示了这一回归结果。结果显示，*BL*×*Reform* 系数在 1% 水平上显著为正，表明了在服务业"营改增"后，制造业通过产业后向关联在扩大"营改增"服务业进项抵扣的同时，也显著推动了制造业企业的发展。考虑到"营改增"服务业可以作为供给方，通过前向关联向制造业提供产品和服务，是否也能同步拓展制造业的销售空间？基于此，我们将前向关联与改革变量及其二者交互项纳入回归方程，结果显示，$FL \times Reform$ 系数也显著为正，这就意味着企业的前向关联程度越高，"营改增"对其营业收入的拉动作用越显著。在此基础上，我们将前两种情形纳入同一研究框架下进行检验。从第（5）列回归结果来看，一致地验证了第（3）列和第（4）列交互项系数的可靠性，这就验证了研究假说1的准确性，服务业"营改增"通过前向关联和后向关联推动制造业企业营业收入的增加，与服务业关联越密切的制造业企业，享受"营改增"带来的改革红利越突出。

此外，各回归结果还显示，相关控制变量也是影响企业营业收入的重要因素，同时也说明对这些变量进行控制对于模型准确评估的必要性。企业相对规模、企业年龄、市场营销、出口密集度系数显著为正，说明相对规模越大、经营时间越长、开拓市场越努力、出口规模越大的企业，营业收入越高；资产负债率系数显著为负，说明负债率越高的企业，企业成长越可能受到制约，从而越不利于企业营业收入增加；而融资约束系数显著为正，说明越容易获得融资的企业，企业营业收入的提升更具优势。

由于营业收入反映的是企业实际销售的货款收入，不包括订货者来料价值，这就有可能不能全面反映企业销售能力的变化。为准确评估服务业"营改增"对制造业企业绩效的影响，我们以工业销售产值作为衡量企业销售绩效的另一指标，因为工业销售产值强调的是无论是否收到货款，都计入当期产值，同时也包括订货者来料价值，这就有利于弥补营业收入测算方式的差异对评估结论的影响。

基于此，我们对工业销售产值进行PPI指数平减，然后取自然对数作为被解释变量，企业固定效应、省份—时间固定效应及相关控制变量的选择与表5.2一致，以便进行有效对比与检验。表5.3列示了不同研究框架下的回归结果。前两列回归结果显示，不论是否纳入其他相关因素，服务业"营改增"均显著促进了制造业企业工业销售产值的提高，这与表5.2的研究结论是一致的。而当分别纳入企业的后向关联和前向关联进行考察时，三四列回归结果依然稳健地发现，服务业“营改增”将有效地扩大制造业企业的销售市场，后向关联和前向关联越高的企业，改革效应越明显。最后同时纳入后向关联和前向关联作用的回归结果显示，$BL \times Reform$ 和 $FL \times Reform$ 依然在 1% 水平上显著为正，这就说明服务业“营改增”是推动制造业企业销售绩效提升的重要税制因素，再次验证了前向关联和后向关联是影响这一改革效应形成的关键机制之一。

表 5.3　　服务业“营改增”对制造业企业工业销售产值的影响

变量	(1)	(2)	(3)	(4)	(5)
$BL \times Reform$			0.058 *** (0.020)		0.055 *** (0.019)
$FL \times Reform$				0.891 *** (0.053)	0.889 *** (0.053)
$Reform$	0.114 *** (0.015)	0.127 *** (0.017)	0.124 *** (0.017)	0.067 *** (0.017)	0.064 *** (0.017)
企业相对规模		49.998 *** (6.461)	49.962 *** (6.458)	50.086 *** (6.476)	50.051 *** (6.474)
企业年龄		0.002 *** (0.001)	0.002 *** (0.001)	0.002 *** (0.001)	0.002 *** (0.001)
资产负债率		-0.179 *** (0.008)	-0.179 *** (0.008)	-0.178 *** (0.008)	-0.178 *** (0.008)
融资约束		0.033 *** (0.001)	0.033 *** (0.001)	0.033 *** (0.001)	0.033 *** (0.001)
市场营销		0.921 *** (0.016)	0.922 *** (0.016)	0.920 *** (0.016)	0.920 *** (0.016)
出口密集度		0.283 *** (0.012)	0.283 *** (0.012)	0.282 *** (0.012)	0.282 *** (0.012)
常数	11.274 *** (0.015)	11.103 *** (0.019)	11.103 *** (0.019)	11.097 *** (0.019)	11.097 *** (0.019)
企业固定效应	yes	yes	yes	yes	yes

续表

变量	(1)	(2)	(3)	(4)	(5)
省份—年份效应	yes	yes	yes	yes	yes
Within R^2	0.300	0.356	0.356	0.357	0.357
Observation	751088	631435	631435	631435	631435

注：*、**、*** 分别表示在 10%、5% 和 1% 的水平上显著，括号内为标准误。

表 5.2 和表 5.3 从销售收入角度检验了服务业“营改增”对制造业企业绩效的影响及其机制，结果显著支持改革的促进作用，其中前向关联和后向关联程度越高的企业，改革效应越明显。而产业关联程度实际上反映的是产业分工程度，分工越细化的行业内企业，销售绩效显著提升。接下来我们拟从产出角度进一步考察“营改增”是否也对制造业的生产行为产生激励作用。基于此，以工业总产值衡量企业产出行为，并经 PPI 指数平减，然后取自然对数表示。

表 5.4 列示了服务业“营改增”对制造业企业工业总产值的影响。表 5.1 第（1）列考察了制造业试点企业与非试点企业在“营改增”前后的产出差异，结果显示，改革变量 *Reform* 系数在 1% 水平上显著为正，初步证实了服务业的税制改革能够显著激励制造业企业的生产经营行为。在第（1）列的基础上，进一步控制企业相对规模、年龄、资产负债率、融资约束等企业特征后，*Reform* 系数没有显著变化。对此，我们进一步考察这一效应产生的渠道。第（3）列和第（4）列分别从后向关联和前向关联角度给出了初步判断。可以看出，$BL \times Reform$、$FL \times Reform$ 分别在各自回归框架下显著为正，意味着前后向关联程度越高的企业，在“营改增”后，显著扩大了企业的生产行为。这一结论在将前后向关联因素纳入同一研究框架后依然稳健，第（5）列列示了这一回归结果。综合表 5.4 可以得出，服务业税制变革为促成制造业企业工业总产值显著增加发挥了重要贡献，产业分工（产业关联）为研究这一效应的存在提供了有益视角。

表 5.4　　服务业“营改增”对制造业企业工业总产值的影响

变量	(1)	(2)	(3)	(4)	(5)
BL × *Reform*			0.054*** (0.019)		0.051*** (0.019)
FL × *Reform*				0.876*** (0.053)	0.874*** (0.053)
Reform	0.104*** (0.015)	0.113*** (0.016)	0.111*** (0.016)	0.054*** (0.017)	0.052*** (0.017)
企业相对规模		49.895*** (6.523)	49.861*** (6.520)	49.981*** (6.538)	49.949*** (6.535)
企业年龄		0.002*** (0.001)	0.002*** (0.001)	0.002*** (0.001)	0.002*** (0.001)
资产负债率		−0.171*** (0.008)	−0.171*** (0.008)	−0.170*** (0.008)	−0.170*** (0.008)
融资约束		0.033*** (0.001)	0.033*** (0.001)	0.033*** (0.001)	0.033*** (0.001)
市场营销		0.907*** (0.016)	0.907*** (0.016)	0.905*** (0.016)	0.905*** (0.016)
出口密集度		0.266*** (0.012)	0.266*** (0.012)	0.265*** (0.012)	0.265*** (0.012)
常数	11.306*** (0.015)	11.139*** (0.019)	11.138*** (0.019)	11.133*** (0.019)	11.133*** (0.019)
企业固定效应	yes	yes	yes	yes	yes
省份—年份效应	yes	yes	yes	yes	yes
Within R^2	0.299	0.355	0.355	0.356	0.356
样本数	751145	631479	631479	631479	631479

注：*、**、*** 分别表示在 10%、5% 和 1% 的水平上显著，括号内为标准误。

5.5.2　所有制效应

表 5.2 ~ 表 5.4 基于前向关联和后向关联视角讨论了服务业“营改增”

对制造业企业销售及产出绩效的提升具有重要影响，然而这只是改革的平均效应，我们仍然不清楚这是对所有企业都有效还是部分企业？在以往的研究中，国有企业在市场准入（Frensch，2004）、政府补贴（Lin et al.，1998；Eckaus，2006）、融资约束（Poncet et al.，2010）等政策资源方面都显著优于非国有企业，然而在经营利润（Belka et al.，1995）、研发创新（Jefferson et al.，2006）、生产率（Schmitz and Teixeira，2008）等企业绩效又显著弱于非国有企业，这些特征是否会使得国有企业在服务业税制改革过程中仍然延续这种企业行为？基于此，我们有必要检验税制改革效应在企业所有制上的差异。

对所有制性质进行定义，如果企业的登记注册类型是国有企业或集体企业，则定义为国有企业（*SOE*），如果企业的登记注册类型为法人和私人企业，则定义为非国有企业。这里主要探讨的是内资企业中的所有制差异，因此不包括港澳台和外资企业。在公式（5.3）的基础上，在模型中纳入变量 *SOE*，与前后向关联及改革变量分别进行交互，即我们评估所有制效应差异的模型基础，*SOE* 与 $BL \times Reform$ 及 $FL \times Reform$ 的交互项是我们关心的重要指标。

表5.5第（1）列列示了以企业营业收入为被解释变量的回归结果，可以看出，$SOE \times BL \times Reform$ 系数在1%水平上显著为负，意味着即使在相同的后向关联条件下，服务业“营改增”对国有制造业企业的营业收入的拉动也显著低于对非国有企业的贡献；$SOE \times FL \times Reform$ 系数为正，但不显著，说明服务业“营改增”改革对国有企业的营业收入增加未显著高于非国有企业。背后的原因可能在于利润最大化动机及政策性负担的差异所致。正如理论分析所言，国有企业不仅关心市场绩效，还要根据国家意志关注社会绩效，这就使得国有企业的“软预算约束”迟滞了对服务业税制改革的发展机遇。初步证实了研究假说2的正确性。同时我们在第（2）列和第（3）列分别以工业销售产值和工业总产值作为另一研究对象进行检验。研究发现，$SOE \times BL \times Reform$ 系数均在10%水平上显著为负，$SOE \times FL \times Reform$ 系数不显著，再次验证了在相同产业关联的条件下，国有企业的税制改革效应相较于非国有企业表现相对乏力，这与

第（1）列以营业收入表征的企业绩效的结论基本一致。这也就揭示了服务业税制改革并不是对所有制造业企业都有相同的激励效果，非国有企业才是改革效应发挥的重要主体。

表 5.5 税制改革的所有制效应

变量	营业收入	工业销售产值	工业总产值
$SOE \times BL \times Reform$	-0.283*** (0.094)	-0.164* (0.098)	-0.177* (0.095)
$SOE \times FL \times Reform$	0.479 (0.306)	0.479 (0.319)	0.523 (0.323)
$BL \times Reform$	0.096*** (0.020)	0.087*** (0.021)	0.082*** (0.021)
$FL \times Reform$	0.810*** (0.055)	0.837*** (0.057)	0.825*** (0.057)
$SOE \times Reform$	-0.134*** (0.026)	-0.142*** (0.027)	-0.144*** (0.027)
$Reform$	0.078*** (0.017)	0.076*** (0.018)	0.063*** (0.017)
企业相对规模	50.423*** (7.834)	51.762*** (7.967)	51.620*** (8.026)
企业年龄	0.002*** (0.001)	0.003*** (0.001)	0.003*** (0.001)
资产负债率	-0.188*** (0.008)	-0.198*** (0.008)	-0.191*** (0.008)
融资约束	0.035*** (0.001)	0.034*** (0.001)	0.034*** (0.001)
市场营销	0.952*** (0.016)	0.894*** (0.016)	0.880*** (0.016)
出口密集度	0.226*** (0.015)	0.263*** (0.016)	0.245*** (0.016)
常数	11.073*** (0.019)	11.073*** (0.020)	11.112*** (0.020)

续表

变量	营业收入	工业销售产值	工业总产值
企业固定效应	yes	yes	yes
省份—年份效应	yes	yes	yes
Within R^2	0.405	0.382	0.383
样本数	537270	535738	535780

注：*、**、*** 分别表示在10%、5%和1%的水平上显著，括号内为标准误。

此外，从 *SOE* × *Reform* 系数来看，一致地显示在1%水平上显著为负，表明了即使不考虑企业前后向关联差异，服务业“营改增”对制造业国有企业的绩效提升依然显著低于非国有企业。不仅如此，*BL* × *Reform*、*FL* × *Reform*、*Reform* 及所有控制变量的回归系数及显著性均与基准回归结论一致，这就从侧面反映了模型构建及回归结果较为稳健。

5.5.3 对外贸易效应

对外贸易是企业参与国际市场竞争的重要方式，也是展示并提升企业竞争力的重要因素。如果出口企业作为上游行业，其产品市场结构主要面向国外，而国外并不会受到国内税制改革的影响，那么其对下游“营改增”服务业的产品供给，获得的后向关联效应就可能弱于非出口企业。而制造业出口企业所需“营改增”服务业企业的中间投入，也就是出口企业与“营改增”企业之间的前向关联，似乎不会受到出口与否的影响，因此，此时的前向关联效应可能依然显著，但后向关联效应相对而言就弱了很多。基于此，我们拟检验出口企业能否同步享有服务业税制改革释放的改革红利？

首先，考察出口企业与非出口企业之间的税制改革效应差异。以企业出口交货值是否大于0衡量企业的出口行为（*EXT*），若出口交货值大于0则定义为出口企业，等于0的则为非出口企业。表5.6第（1）列示了以营业收入衡量企业绩效的回归结果，结果显示，*EXT* × *BL* × *Reform* 系数为负，但不显著，意味着在后向关联程度相同的条件下，由于出口企业的市场结构原因，出口企业的税制改革效应确实如理论假说 3 所言，后向关联效应不显著。而从前向关联的作用来看，*EXT* × *FL* × *Reform* 系数显著为正，说明如果出口企业作为下游企业的需求方，还是能够获得“营改增”服务业的前向关联效应，扩大对上游“营改增”服务业的产品和服务需求。第（2）列、第（3）列分别以工业销售产值和工业总产值衡量企业绩效，结果依然稳健地显示，*EXT* × *BL* × *Reform* 系数不显著，*EXT* × *FL* × *Reform* 显著为正，这就稳健地验证了研究假说 4 的正确性。

表 5.6　　企业出口行为与税制改革效应

变量	营业收入	工业销售产值	工业总产值	营业收入	工业销售产值	工业总产值
	(1)	(2)	(3)	(4)	(5)	(6)
EXT × *BL* × *Reform*	-0.035 (0.038)	-0.001 (0.040)	-0.013 (0.040)			
EXT × *FL* × *Reform*	0.422*** (0.105)	0.413*** (0.108)	0.455*** (0.109)			
Export × *BL* × *Reform*				0.045 (0.093)	0.038 (0.096)	0.040 (0.097)
Export × *FL* × *Reform*				0.608** (0.276)	0.558* (0.285)	0.649** (0.287)
BL × *Reform*	0.061*** (0.019)	0.053*** (0.020)	0.052*** (0.020)	0.067*** (0.019)	0.064*** (0.020)	0.060*** (0.020)
FL × *Reform*	0.923*** (0.053)	0.939*** (0.056)	0.917*** (0.056)	0.859*** (0.052)	0.875*** (0.054)	0.856*** (0.054)
EXT × *Reform*	-0.159*** (0.009)	-0.158*** (0.009)	-0.162*** (0.009)			
EXT	0.133*** (0.006)	0.138*** (0.006)	0.137*** (0.006)			
Reform	0.071*** (0.017)	0.068*** (0.017)	0.056*** (0.017)	0.070*** (0.017)	0.066*** (0.017)	0.054*** (0.017)

续表

变量	营业收入	工业销售产值	工业总产值	营业收入	工业销售产值	工业总产值
	(1)	(2)	(3)	(4)	(5)	(6)
Export × *Reform*				-0.275*** (0.024)	-0.265*** (0.025)	-0.277*** (0.025)
Export				0.379*** (0.014)	0.413*** (0.015)	0.399*** (0.015)
企业相对规模	48.879*** (5.893)	49.729*** (5.921)	49.610*** (5.974)	48.625*** (6.381)	49.494*** (6.416)	49.380*** (6.477)
企业年龄	0.002** (0.001)	0.002*** (0.001)	0.002*** (0.001)	0.002** (0.001)	0.002*** (0.001)	0.002*** (0.001)
资产负债率	-0.150*** (0.007)	-0.161*** (0.007)	-0.154*** (0.007)	-0.165*** (0.008)	-0.177*** (0.008)	-0.170*** (0.008)
融资约束	0.034*** (0.001)	0.033*** (0.001)	0.033*** (0.001)	0.034*** (0.001)	0.033*** (0.001)	0.033*** (0.001)
市场营销	0.976*** (0.015)	0.921*** (0.015)	0.905*** (0.015)	0.977*** (0.016)	0.919*** (0.016)	0.904*** (0.016)
常数	11.095*** (0.019)	11.096*** (0.019)	11.131*** (0.019)	11.099*** (0.019)	11.099*** (0.019)	11.135*** (0.019)
企业固定效应	yes	yes	yes	yes	yes	yes
省份—年份效应	yes	yes	yes	yes	yes	yes
Within R^2	0.374	0.352	0.351	0.381	0.358	0.357
样本数	687726	686108	686150	633052	631435	631479

注：*、**、***分别表示在10%、5%和1%的水平上显著，括号内为标准误。

其次，讨论企业出口密集度对服务业税制改革的反应差异。表5.6后三列列示了这一结果。*Export* × *BL* × *Reform* 系数依然均不显著，这就说明出口密集度越高的企业，对国内“营改增”服务业提供产品和服务的比例越小，因此，不会受到“营改增”服务业后向关联的显著推动。换言之，外向型程度越高的企业，其后向关联效应弱于相对内向型的企业。而从 *Export* × *FL* × *Reform* 的系数来看，至少在10%水平上显著为正，说明企业出口密集度并不会影响这类企业扩大对“营改增”企业的产品和服务的需求。综合来看，出口行为会显著影响企业的后向关联效应，但是不会对其前向关联效应产生冲击。

5.6 小　　结

自 2012 年 1 月 1 日起，在上海交通运输业和部分现代服务业率先实施了“营改增”试点，并于当年 8 月 1 日起在北京等 8 省市扩大试点。这次税制改革的主要目标之一是深化产业分工，促进产业结构升级，然而已有文献对此次税制改革的评估主要集中于服务业本身，对制造业产生怎样的影响？这是本章关心的核心问题。

本章以 2009～2013 年中国国有及规模以上非国有制造业企业为研究对象，根据 2012 年中国投入产出表细分 139 行业基本流量表测度了“营改增”服务业与制造业间的前向关联和后向关联，基于服务业“营改增”在不同地区逐步展开试点的“准自然实验”，利用三重差分方法考察了服务业“营改增”改革对制造业企业绩效的影响。研究发现，“营改增”显著提升了制造业企业的经营绩效，且前向关联和后向关联程度越高的企业，产业分工程度越高，进而企业绩效提升越显著。这就说明前向关联和后向关联为评估服务业“营改增”的改革效应提供了有效的研究视角，是发挥“营改增”效应的关键机制。但是，在这次税制改革中，并不是所有企业都实现了这一改革红利，其中，国有企业由于自身特有的政策性负担而表现出“软预算约束”特点，使得其企业绩效提升整体上弱于非国有企业；出口企业由于其产品市场主要面向国外，因此其后向关联效应表现不显著。

第6章

“营改增”与城市发展：基于卫星灯光数据的研究

6.1 引　言

2012年1月1日起，服务业“营改增”的试点工作在全国不同地区、不同行业逐步展开，并于2016年5月1日起完成了所有服务业的“营改增”的改革。在这次改革中，最显著的特点是，直接打破了自分税制改革以来确立的两税分设的局面，改变了服务业从价计征的营业税税制，由缴纳营业税转向缴纳增值税，使得产业间的税制保持一致，这就有利于消除服务业的重复征税，扩大产业间的分工与协作，促进服务业特别是现代服务业的发展，进而为城镇化进程的推进提供产业和就业的支撑。但是这次改革并不彻底，为保持现行财政体制格局基本稳定，原归属于地方政府的营业税收入，在改征增值税后仍纳入地方财政收入中，实质上仍未打破原有的中央与地方的税收分成原则，这就可能对地方加快城市的发展难以提供持续稳定的税收收入增长。《国民经济和社会发展第十三个五年规划纲要（草案）》（2016）指出，“要以体制机制创新为保障，加快新型城镇化步伐，同时也提出要改革和完善税费制度，全面完成‘营改增’”。那么，以“营改增”为核心的新一轮税制改革能否有效推动城镇化进程，助力城镇化规划目标的实现，对这一问题进行审慎细致的政策评估就具有非常重要的现实意义。

现有文献对“营改增”政策效应的考察主要关注财政分配、经济增长、福利分配以及微观企业绩效等方面，还没有对能否促进城市发展提供直接的经验证据。一些文献认为“营改增”改变了既有的国民收入分配格局（刘明和王友梅，2013；孙正和李学军，2015），促进了产业结构升级（丁胜红和曾峻，2014；胡怡建和田志伟，2014），改善了居民福利分配（程子建，2011），短期内提高了经济增长速度（田志伟和胡怡建，2014）。还有些文献基于企业微观数据，利用政策评估的方法考察了对企业税负（Yin，2015）、投资（袁从帅等，2015；李成和张玉霞，2015）、分工（范子英和彭飞，2015；陈钊和王旸，2016）、贸易的影响等（梁若冰和叶一帆，2016）。

城市发展是与本章相关的另一主题，早期文献大多从驱动城市发展的市场因素进行剖析（Henderson，1985；Miceli and Sirmans，2007），近期税制因素逐渐引起了学者们的兴趣，主要基于不同国家的财产税改革展开分析（Brueckner and Kim，2003；Song and Zenou，2006；Banzhaf and Lavery，2010；Ermini and Santolini，2016），为数不多的文献还研究了其他税制改革（如所得税）与城市扩张或城市发展间的关系（Gurko，1971；McFarlane，1999）。值得肯定的是，这些研究均表明了税制改革在推动城市发展方面发挥着重要作用，但是却不足以清晰系统地说明“营改增”与城市发展间存在怎样的关系，尤其是“营改增”改革如何影响城市发展尚不明朗。

迄今，“营改增”与城市发展在各自领域的研究已趋于成熟，但将这两个重要话题联系在一起的研究较少，以中国税制改革为背景，研究税制改革与城市发展间关系的文献更为稀少，本章尝试在这方面做出一点贡献。郭宏宝（2011）利用一般均衡理论模拟分析了我国财产税的推行对城市扩张及住房价格的影响，李（Li，2014）基于中国 2001 ~ 2011 年省级面板数据，指出了提高财产税税率、扩大征税范围等实施方案对遏制城市扩张的作用。最直接相关的是孙红梅和郭梦荫（2015）的研究，他们基于 2006 ~ 2014 年历次税制改革，运用面板空间滞后模型发现，税制改革政策对城市发展具有积极作用，但是他们的研究没有进一步指出税制改革政策对城市发展的要素产出弹性，也没有厘清二者关系的作用机理，更忽视了对内生性问题的处理。已有研究为我们考察“营改增”影响城市发展的理论机制非常有限。为此，本章尝试从驱动城市发展的动力机制入手，构建“营改增”与城市发展之间的理论基础，然后基于中国的经验证据论证理论的猜想。

近年来，国际文献开始采用由 NOAA 公布的夜间卫星灯光数据（DMSP/OLS）度量城市发展（Liu et al.，2012；Baum - Snow et al.，2013）。相较于传统经济指标的度量，卫星灯光数据至少在以下三个方面存在显著的优势：一是不受地区间价格因素的影响；二是不易受到地方政府人为干预的影响；三是不同于常住人口城镇化率、户籍人口城镇化率等经济指标，抑或是对所选择的成分（变量）较为敏感的主成分分析法，卫星灯光数据能够较为客观地反映发展中国家的城市发展变化，一方面体现为城市发展的深化，表现为既有城市边界内的灯光亮度变亮，另一方面体现为城市发展的宽化，表现为既有城市在空间上的延伸程度。但是也需要指出的是，卫星传感器会因为坐标设定的不同或传感器的老化等问题，使得该数据存在明显的噪声，控制时间固定效应的做法并不能消除原始灯光数据的波动（范子英等，2016）。

基于此，本章尝试采用范子英等（2016）的做法首先对卫星灯光亮度进行校准处理，然后基于斯茂等（Small et al.，2011）的研究，设定灯光亮度阈值度量城市的发展。并以服务业“营改增”作为税制改革的“准自然实验”，运用倍差法评估税制改革对城市发展的影响。研究发现，“营改增”之后，产业结构的优化效应，显著促进了城市的水平发展，提高了试点城市的平均灯光亮度，相当于在平均水平上增加 1.46%，这就肯定了“营改增”对城市发展具有显著的水平效应，但是，因为“一刀切”的税收分成原则未能发生根本性变革，地方的城市化发展受到现实的约束，因此，这一改革对城市发展的增长效应的影响不显著，甚至为负，未能进一步提升城市的发展速度。此外，分步式的改革策略也造成改革的实际效果受到弱化，从改革的次年起才显著体现改革的促进作用。这一结论经过了城市资源禀赋差异、替代衡量方式、安慰剂及内生性等多维度的稳健性检验。我们还发现，改革效应的实现主要依赖于产业结构升级、劳动力转移、经济增长提升及投资结构优化的推动，实证回归的结果与理论分析的结论一致。

与既有文献相比，本章的可能贡献主要有：首先，本章是首篇系统阐述“营改增”对中国地级市城市发展的影响及其机理的文献，填补了这一领域的研究空白；其次，由于城市发展的难以量化，以往文献采用的主成分分析、常住人口或户籍人口城镇化率等方法都存在较大的测量误差，而本章基于校准后的卫星灯光数据并采用设定阈值提取城市面积度量中国的城市发展，论证了卫星灯光数据和传统城市发展指数之间存在高度正相关关系，不仅能有效解决传统合成方法的度量偏颇问题，而且还可有效规避传统经济指标因地方政府干预对识别城市发展水平的干扰，因此可作为研究中国此命题的有益补充；最后，本章的研究也为新型城镇化建设的税制优化提供了经验证据，同时基于倍差法的研究，更能准确评估改革的真实效应，克服“营改增”与城市发展之间的内生性问题。

本章后面结构安排如下：第二部分是理论分析与作用机制；第三部分是城市发展的涵义与测度的讨论；第四部分是共同趋势假说及研究设计；第五部分是基本结果、稳健性检验及作用机制；第六部分是本章的小结。

6.2 理论分析与作用机制

已有文献基于不同国家、不同视角检验了诸如财产税等税种的改革对城市发展的影响，这些研究有助于我们清晰地认识税制改革与城市发展之间的关系。然而，我们依然不清楚的是，“营改增”作为税制改革的重要组成部分，与城市发展之间是否也存在密不可分的关联，能否成为推动城市发展的重要动力源？已有文献对此还缺乏比较深入的研究。理论上，通过塑造良好的外部税制环境，促进产业分工细化，推动产业结构优化升级，从而提高产业的集聚效应和规模效应，为城市的发展提供税制动力和产业基础。基于此，本章拟从城市发展的驱动来源角度探寻"营改增"效应的动力机制。

服务业发展是城市发展的重要前提和表现。产业演变理论认为，当工业化发展到一定程度时，推动城市经济增长的重要力量就是服务业的发展，而传统服务业的发展空间较为狭隘，因此，未来服务业的发展主要依托于现代服务业的扩展（刘珺，2013）。著名的纳瑟姆曲线指出，城镇化发展一般要经历初级阶段、加速阶段和成熟阶段。在城镇化初期，城市化率低于 30%，第一产业占主导地位；加速时期，城镇化率在 30% ~70%，第二产业占主导；成熟阶段，城镇化率高于 70%，第三产业占主导，第二产业次之，第一产业最弱。《国家新型城镇化报告 2015》数据显示 2015 年，我国常住人口城镇化率为 56.1%，户籍人口城镇化率为 39.9%，表明我国正处于城镇化的加速发展阶段。《国家新型城镇化规划（2014 ~2020）》指出，产业结构转型升级是转变经济发展方式的战略任务，加快发展服务业是产业结构优化升级的主攻方向。因此，"营改增"能否有效推动现代服务业发展，直接关系到城市发展的驱动效果。

农村劳动力向非农产业转移的就业结构演进，是人口城镇化的重要体现，也是新型城镇化的核心要求。配第—克拉克定理指出，随着经济的发展，第二产业的国民收入和就业比重逐渐提升，在国民收入的高级阶段，第三产业的国民收入和就业比重相对越大，第一、第二产业的比重不断下降。资料显示，2015 年末，全国工商登记的中小企业超过 2000 万家，创造了 80% 以上的城镇就业①，而服务业是中小企业的主要汇聚地，也是就业的主要产业，当"营改增"推动以中小企业为主体的服务业发展后，将有效提升服务业的就业吸纳能力，推动更多的农村劳动力转移到城市就业，推动人口城镇化率的提高，进一步扩大内需市场和投资力度，更好地提高城市生产率，最终促进城市的发展。

投资是城市发展的重要举措，而投资结构优化关系到城市发展的质量。杨文和刘永功（2015）的研究发现，提高中小城市的公共投资、改

---

① 中央政府门户网站，http://www.gov.cn/xinwen/2016 - 07/06/content_5088726.htm，2016 - 07 - 06。

善城市社会类基础设施等均是提高城市发展质量的关键。石忆邵（2013）指出，新型城镇化主要依托“社会性投资驱动”而非传统的“房地产投资驱动”。范子英和彭飞（2015）从产业互联的视角，发现“营改增”显著促进了企业设备类固定资产投资，而没有对房屋及建筑物投资产生显著影响。因此，从城市投资偏向角度来看，“营改增”能否促进投资结构优化，关系到城市的发展质量。

内生的经济增长为城市发展提供持续动力（Henderson and Wang，2005），为城市发展提供物质保障（何流和崔功豪，2000），而“营改增”通过消除服务业的重复征税，降低了产业间分工与协作的税制成本，对拉动经济总量增长具有重要作用（黄运，2013；田志伟和胡怡建，2014）。从这个角度来讲，“营改增”促进经济增长又是城市不断发展的关键。

“营改增”直接消除了产业间的两税分设，促进了产业结构升级，为城市的发展奠定了产业基础，如果能够顺利完成这样的推动，那么这将是结构效应优化带来的效果。然而，从地方税收收入角度来看，城市的发展离不开稳定的税源供给和持续的税收增长。营业税作为地方政府的第一大税种，在“营改增”后，地方的税源基础受到侵蚀，这就不利于地方政府从事城市的发展和建设。虽然在这次改革中，明确规定原归属于营业税范畴的地方收入在“营改增”之后仍划归地方所有，但是，中央与地方的增值税税收分享比例仍未发生变化，新的稳定的税源尚未形成，持续的税收增长就难以持续。

随着“营改增”的全面展开，按照国务院的要求，接下来的两到三年内中央与地方的分享比例由 75∶25 调整为 50∶50，从表面上来看，这一调整将有利于扩大地方的财政收入。但是，这仅是一种过渡性的方案，会对地方政府的远期和当期的财政行为产生直接的影响。在过渡期完成之后，分享原则的不确定性就会影响到地方政府的预期行为，导致地方政府难以在当期做出理性的制度安排（高培勇，2016）。

不仅如此，不论是“营改增”改革前还是改革后，均采用了“一刀切”的税收分享原则，加剧了地区间的不均等，从而影响城市间的发展动力。按照五五分成规则，上海和天津由于制造业相对更为发达，会从新规则中获益，收入增幅在10%～30%；相反，北京由于制造业相对较少，税收收入会减少15%左右，虽然配合了返还地方上划收入，但是一些制造业相对发达的地区依然获益更多。也就是说，当前的税收分享方案可能难以增强城市发展的内在动力，但是从城市发展差距来看，对于承接产业转移、以制造业为主的内陆城市可能又是有利的，这将有利于缩小城市间的发展差距。

6.3 城市发展：涵义与测度

6.3.1 城市发展的度量讨论

2013年，国务院总理李克强指出，新型城镇化的核心是人的城镇化，关键是提高城镇化质量，目的是造福百姓。具体而言，新型城镇化不是简单的城市人口比例增加和面积扩张，而是要在产业支撑、人居环境、社会保障、生活方式等方面实现由“乡”到“城”的转变，这就为城市发展的内涵指明了框架，因此，研究城市发展，就不能仅关注城镇化率、经济增长等某一维度的发展，而应关注城市的综合性发展，更要关心城市的发展质量。

虽然对城市发展的测度研究较为丰富，但是度量方式至今仍未达成普遍共识。由于城镇化是城市发展的必然产物，而人口城镇化和建成区面积扩张又是城镇化发展过程中的重要环节，因此，以往学者大多以城镇人口比重和建成区面积比重分别作为度量人口城镇化和空间城镇化的重要指标（章泉，2009；王家庭和王璇，2010），也有以城市数量、人口及土地面积（渠涛等，2009）、城市人口增长率（王垚等，2015；王垚和年猛，2015）、城市年末总人口（肖周燕，2016）等方法度量城市发展，但是这些方法仅对城市发展的某一方面进行了探索，未能全面反映城市的发展变化。还有基于主成分分析方法合成城市发展综合指数（Mundia and Aniya，2005；杨眉等，2011；Berrigan，2014），但是容易受到经济指标选择的影响。此外，传统常住人口和户籍人口统计的城镇化率也不能准确反映地区的城镇化水平。《国家新型城镇化报告 2015》的数据显示，自 1978 年到 2015 年，我国城镇常住人口由 1.7 亿人增加到 7.7 亿人，城镇化率由 17.92%提高至 56.1%，年均提高约 1 个百分点。就此角度而言，我国城镇化发展取得了较大的成就，但是常住人口的统计口径存在严重高估城镇化的可能，因为相当数量的非户籍人口虽然在城市就业，但是并未真正享受城镇居民福利待遇，并不是真正意义上的城镇化。而如果以户籍人口的统计口径来看，截至 2015 年，我国城镇化率仅为 39.9%，同样又存在低估的可能。因为相当比例的非户籍人口由农村转移到了城市，实现了非农就业，并享有了部分的城市公共服务。

虽然传统的城市发展统计数据使用较为方便快捷，但也存在着对空间信息认知的缺乏，难以满足大尺度城镇空间格局研究的需要。因此，基于遥感学知识对城镇灯光数据进行提取，作为衡量城市发展的另一重要分支，近年来越来越受到认可。基于遥感数据的大尺度城镇提取研究，根据遥感影像空间分辨率的不同主要有两种类型：一是基于较高分辨率的遥感数据，选取跨度较大的时间段，主要利用大量 Landsat TM/ETM + 影像或中巴地球资源二号卫星（CBERS - 2）的 CCD 数据（Liu et al.，2009），但是这方面数据的缺陷存在高质量影像的获取较为困难，且处理成本较高等问题；二是基于分辨率较低的 NOAA/AVHRR、EOS/MODIS、SPOTVGT 等进行土地覆盖分类的数据，提取其中的城镇信息（Friedl，2002；Lu，2008），不过其也存在着难以有效提取，分辨率不足等问题（Loveland et al.，2000）。因此，需要一种专门针对城镇区域能够快速、准确提取城镇变化的方法。自 20 世纪 80 年代以来，不断有学者探索使用 DMSP/OLS① 夜间灯光数据进行城镇发展方面的研究（Gallo et al.，2004；Matsuoka et al.，2007；Henderson et al.，2012），该数据是以城镇区域为对象探测夜间灯光亮度，避免了植被信息等因素的干扰引起的光谱混淆，使用

① 美国防卫性气象卫星计划（defense meteorological satellite program，DMSP）携带的 OLS（operational linescan system）传感器采集数据，简称 DMSP/OLS 数据；数据来源于 NGDC 网站：http：//www.ngdc.noaa.gov/eog/dmsp/downloadV4composites.html。

更为方便、简单。

基于此，本章首先对卫星灯光数据进行一个校准处理，然后按照灯光阈值提取的办法获取城市发展水平。对城市发展内涵的界定，可以从两个角度：一是原有城市基础上的发展，体现的是城市灯光亮度变亮；二是城市在空间上的有所延伸，表现为城市在空间范围上的扩展。

6.3.2 卫星灯光数据的校准与提取

本章的核心数据来自 DMSP/OLS 数据。美国国防部自 20 世纪 70 年代利用卫星拍摄的地球夜间的灯光亮度，针对全球的时间跨度是当地时间 20：30 ~ 22：00，其中的中国地理区域上的数据采集时间是 20：30 ~ 21：30，这个时间段刚好是中国灯光最亮的区间。美国国家地球物理数据中心（National Geophysical Data Center，NGDC）对基础数据进行了一系列的噪声处理，例如，消除了夜间云层、短暂火光、极光、闪电等的影响，处理后的数据能够真实反映人类的生产和消费活动。紧接着，NGDC 对一年的数据进行了平均处理，并将灯光亮度转变为灰度像元（DN），DN 值的范围是 0 ~ 63，0 是完全没有可见光，63 是饱和值。覆盖的经度范围为 - 180 度至 180 度，纬度范围为 - 65 度至 75 度，全部的中国国土面积都处于该范围以内。

在最近的一系列研究中，很多学者都证实了 DMSP/OLS 数据的可靠性，徐康宁等（2015）从不同维度证实了灯光亮度与省级 GDP 之间存在非常显著的正相关性，范子英等（2016）考察了部长更替对来源地卫星灯光亮度的影响，李等（2016）评估了“省直管县”对试点地区卫星灯光亮度的影响。事实上，利用卫星灯光数据研究中国城市发展要早于经济增长的研究。例如，刘等（2012）基于 1992 ~ 2008 年卫星灯光数据考察了中国城市化扩张的动力机制，并指出卫星灯光数据对于阐明中国城市群空间布局模式和变化过程具有重要意义。李等（2013）针对中国北京市卫星灯光数据进行年份和卫星接收器转化校正，发现卫星灯光数据与 GDP 和城市人口密度高度相关。鲍姆斯诺等（Baum - Snow et al.，2013）

利用卫星灯光数据考察了城市铁路和高速公路的组合模式对 1990 年以来中国的城市结构的影响。这些经验研究表明卫星灯光数据能够较为合理地代理中国城市的发展。

然而，原始的卫星灯光数据存在明显的噪声，这些研究中国城市发展的文献鲜有对卫星灯光数据进行校准处理，这就可能影响城市发展研究的准确性。首先，由于传感器的老化，同一卫星在不同年份间的数据也是不可比的，同一个卫星的不同年份数据存在明显的异常波动。其次，NGDC 在将原始图片整理为数据时，对数据的右端截断了，灯光的最大值一直保持在 63，这会导致对经济发达地区的低估。最后，中国的灯光数据还存在高纬度栅格面积差异和飞地的问题，卫星在太空中对地球灯光进行采集，是将一个球面的数据转为平面数据，因此，虽然在平面上的栅格面积相同，但实际上距离赤道越近的栅格面积越小，靠近两极的栅格面积越大。同时，中国的行政区划中，存在 A 市在 B 市内部有一块属地的情况，经济学的文献并没有处理这种飞地问题。事实上，NGDC 公布的稳定灯光数据还存在一个严重的潜在噪声，即在同一年份有两颗卫星的灯光数据，特别是在新旧卫星交接时，不同卫星由于传感器设定不同，对同一个栅格的反应也不同，导致同一年份不同卫星之间数据不可比。根据 NGDC 公布的卫星灯光数据显示，卫星灯光数据仅更新至 2013 年。其中，2009 年灯光数据来自 F16 卫星，2010～2013 年数据来自 F18 卫星。因此，我们的研究不受这一问题的影响，不需要对同年度不同卫星的数据校准。

本章将尝试解决上述几个方面的噪声，采用遥感学文献的方法（Elvidge et al.，2009；Li et al.，2013），基于两步法对原始数据进行校准，保证栅格维度的灯光数据在两个维度是可比的：同一卫星不同年份的栅格灯光亮度、同一卫星不同年份的有光栅格数量。我们将采用栅格球面面积对灯光数据进行加权，以解决栅格面积不同的问题；我们也将对一些飞地进行逐个识别，使得加总后的灯光数据能够与其他统计数据（如人口、面积等）进行匹配。从而在最大程度上减少数据本身存在的噪声，保证数据在跨年、跨卫星、跨栅格的可比性。

1. 栅格的内部校准（Inter-calibration）

内部校准的目的是提高灯光数据的可比性，这种可比性体现在同卫星不同年份。基本方法是通过灯光平稳变化的某一区域逐年灯光变化关系，来推算出全国灯光的可比变化。针对全球所有国家的校准，文献上选择的是意大利的西西里岛；针对中国的校准，文献上选择的是黑龙江的鸡西市，原因在于鸡西市的灯光亮度和 GDP 随着时间推移呈现非常平稳的变化。由于经济发展是城市发展的前提和重要表现，因此，我们也选择鸡西市作为城市发展校准的依据。

首先需要在所有的卫星中选择一个累积灯光亮度最大的卫星作为基准，这样校准之后能够在最大程度上保留数据，经过检验，可以发现 F18 卫星 2013 年的累积灯光亮度是最大的。接着将参考区域（鸡西市）所有卫星所有年份的栅格灯光数据提取出来，以 F18 卫星 2013 年的鸡西市数据为基准，其余卫星年度的数据都将进行调整，来与参考数据进行匹配。回归方程的模型设定是一个二阶多项式：

$$DN_{F,t} = a_{st,year} \times DN_{st,year}^2 + b_{st,year} \times DN_{st,year} + c_{st,year} + \varepsilon \tag{6.1}$$

其中，因变量是鸡西市 F18 卫星 2013 年的所有栅格的灯光数据，公式（6.1）右边的 *DN* 值是另一个年份的卫星数据，针对不同年份不同卫星数据分别进行回归，2009～2014 年一共有 2 颗卫星，不存在卫星重叠的情况，如表 6.1 所示，一共出现了 5 个卫星年份，因此我们对公式（6.1）作 4 次独立的回归，得到 4 组系数。在具体的计算过程中，由于 *DN* 值为 0 的栅格的特殊性（第二步再处理），我们将所有无光栅格（即 0 值）的数据挑选出来，仅利用有光栅格的数据进行公式（6.1）的回归。

表 6.1 不同卫星接收器不同年度 DN 值校正的回归模型参数

卫星	年份	a	b	c	R^2
F16	2009	-0.004	1.336	-0.447	0.884
F18	2010	0.001	0.996	-0.441	0.853
F18	2011	-0.006	1.414	-0.433	0.896
F18	2012	-0.003	1.202	0.017	0.945

在得到 4 组回归的系数后，利用下面公式对有光栅格进行内部校准：

$$DN_{st,year,i}^{calibrated} = a_{st,year} \times DN_{st,year,i}^{2} + b_{st,year} \times DN_{st,year,i} + c_{st,year} \tag{6.2}$$

这等价于将不同栅格不同年份不同卫星的灯光亮度按照一个固定标准重新调整（Rescale），以保证可比性。

2. 不同年份数据的时间序列修正

不同年份数据的时间序列修正的目的是把第一步已经建立的时间序列数据中的不一致去掉，从而对一直有光的 *DN* 值进行修正。基本的假设是作为高速发展的经济体，中国的有光栅格应该随着时间变得更亮，而不是变暗（范子英等，2016）。同样的道理，较早年份中的有光栅格也不应该在较迟年份数据中沦为无光栅格。因此，我们认为较早年份中的有光栅格应当在较迟年份的数据中被保留；较早年份中有光栅格的 *DN* 值也不应该比较迟年份中同位置的 *DN* 值大。我们分三步来做时间序列修正：

第一步，找出时间序列中“不同年度—不稳定”的有光栅格。“不同年度—不稳定”的有光栅格是指该栅格在某个早期年度中是有光栅格（即 *DN* 值大于 0），但是在某个晚期年度中却沦为无光栅格（$DN=0$）。

第二步，对于“不同年度—不稳定”的有光栅格，全部修正为无光栅格，这是因为前者更可能是噪声导致的。

第三步，对于“不同年度—稳定”的有光栅格，如果后一年亮于前一年，则不做修正；如果前一年亮于后一年，则后一年的低 *DN* 值用前一年的高 *DN* 值替换。

综合上面的三个步骤，可以统一用下面的公式表示：

$$DN_{t,i} = \begin{cases} 0 & DN_{t+1,i} = 0 \\ DN_{t-1,i} & DN_{t+1,i} > 0 \text{ 且 } DN_{t-1,i} > DN_{t,i} \\ DN_{t} & \text{其他} \end{cases} \tag{6.3}$$

值得说明的是，第三步是一个迭代过程，只要对任意年份的栅格进行调整，则会对之前所有年份的数据重新调整。这种迭代调整之后，每一个栅格的 *DN* 值都不会出现异常的消失或者下降，保持了一个高速发展经济体的正常现象。

通过以上内部校准及不同年度的时间序列修正，得到校准前后的地级市层面的平均灯光亮度变化。从图 6.1 的栅格均值维度的平均灯光亮度（实线）可以看出，保持了连续性的稳定趋势，而在校准前，平均灯光亮度（虚线）的变化波动较大，总体上不满足城市稳步发展的一般趋势，这就意味着对 DMSP/OLS 数据校准处理的必要性和有效性。

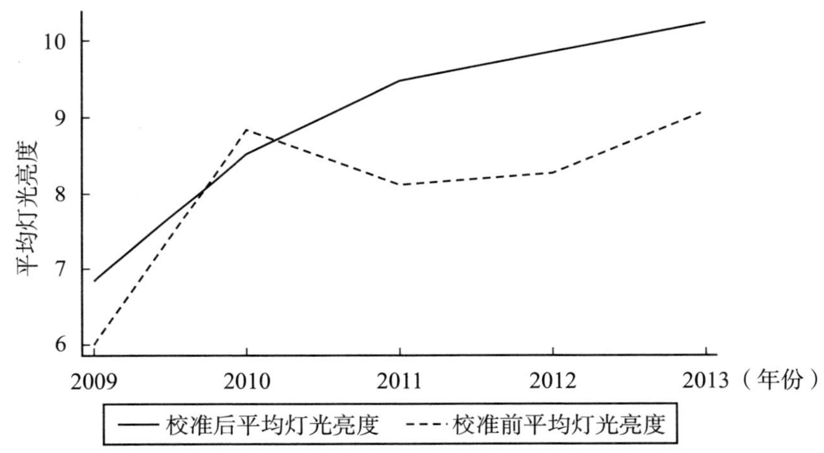

图 6.1　校准前后的地级市灯光亮度均值

资料来源：笔者由 Stata/MP 14.0 绘图得出。

3. 卫星灯光数据的提取

接下来，基于以上两方面的校准处理，将校准好的夜间卫星灯光数据投影变换为兰伯特等面积方位投影，提取以灯光阈值作为城市区域轮廓的判断标准，将相同投影方式的城市行政边界图与之进行叠置分析（Overlay），然后识别各城市灯光亮度大于灯光阈值的面积占行政区划面积的比重。关于灯光阈值设置判断城市的边界，以往的研究进行了较多的尝试与讨论。例如，杨眉等（2011）、秦蒙和刘修岩（2015）研究中国城市化水平，将灯光阈值设定为 6，而艺等（Yi et al.，2014）、刘修岩等（2016）的做法则是将灯光阈值设定为 10。然而，斯茂等（Small et al.，2011）基于不同阈值设定的研究指出，灯光阈值如果设定过小，容易产生对城市规模、城市发展的高估。因为阈值小于 12 很可能包含人类活动不活跃的部分，例如，农业活动、农村居住等。基于此，我们参照斯茂等（2011）的研究，将灯光阈值设定为12。

6.3.3 城市发展指数：主成分分析法的合成

为进一步检验卫星灯光数据度量城市发展的可靠性和直观性，我们采用传统的主成分分析法构建城市发展指数。传统城市发展指标的构建主要参考国家统计局对于区域经济发展评价的分类体系的指导意见，并结合近年来税制改革的重点领域，对城市发展指数的综合评价指标归纳为城市经济发展、民生改善、社会发展、科技创新和城市化发展5个二级指标，下属17个三级指标，见表6.2。城市发展指数测算的基本思想是，对2009~2014年的三级指标年度数据，基于SPSS 21.0软件进行主成分分析，首先得出累计方差贡献率在80%以上，且特征值大于1的公共因子，然后根据所旋转的公共因子的方差贡献率作为权数再计算出综合的城市发展指数。

表6.2　城市发展指标体系

二级指标	三级指标	对象	均值	标准差
经济发展	人均GDP	全市	10.399	0.650
	全社会固定资产投资	全市	15.887	0.863
	第二产业增加值占GDP比重	全市	0.506	0.104
	第三产业增加值占GDP比重	全市	0.363	0.089
	规模以上工业企业数	全市	6.571	1.117
	规模以上工业总产值	全市	16.543	1.181
民生改善	职工平均工资	全市	10.511	0.397
	人均社会消费品零售总额	全市	9.277	0.757
社会发展	市辖区每万人拥有公共汽车	市辖区	1.797	0.729
	每百人公共图书馆藏书	全市	3.524	0.876
	邮政业务总量	全市	10.043	0.998
	电信业务总量	全市	12.301	1.023

续表

二级指标	三级指标	对象	均值	标准差
科技创新	科学支出万元	全市	9.911	1.298
城市化发展	市辖区年末总人口数	市辖区	4.593	0.768
	市辖区建成区面积	市辖区	4.384	0.835
	市辖区居住用地面积	市辖区	3.205	0.870
	市辖区建设用地占市区面积比重	市辖区	0.090	0.104

注：城市发展三级指标中的所有价值变量取自然对数处理，以降低异方差的干扰。
资料来源：EPS 全球统计数据分析平台，缺失值使用地方政府年度统计公报补充。

在进行主成分分析提取公共因子之前，首先需要通过 KMO 和 Bartlett 的球形度检验，前者用来判断变量间的偏相关系数是否很小，后者用来判断相关系数矩阵是否是单位阵，只有当变量间的偏相关系数越强，且相关系数矩阵不是单位阵时，则满足主成分分析法的基本条件。根据表 6.3 列示的基本结果，可以肯定我们选择的指标体系能够较好地满足主成分分析法的基本要求。

表 6.3 KMO 和 Bartlett 检验

取样足够度的 Kaiser – Meyer – Olkin 度量	0.903	
Bartlett 的球形度检验	近似卡方	32219.098
	形度检验 df	136
	Sig.	0.000

接下来，关键是要确定主成分的个数。一般要求公因子的初始特征值应大于 1，同时要求公因子累计方差贡献度应不低于 80%。表 6.4 列示了因子分析的总方差解释，结果显示，第 1 个特征值为 9.092，解释了原有 17 个指标总方差的 53.484%，第 2 ~ 第 4 个特征值依次是 2.037、1.560 和 1.046，累计方差贡献率超过 80%。从第 5 个特征值开始累积方差贡献

率虽不断提升，但贡献率提升非常弱小，且特征值也小于1。这就说明前4个因子能够解释全部因子的80%以上的基本信息，选择前4个因子作为主成分分析的主因子是合适的。不仅如此，被提取的载荷平方和旋转后的载荷平方均支持选择前4个公共因子。

表6.4　　解释的总方差

成分	初始特征值			提取平方和载入			旋转平方和载入		
	合计	方差的%	累积%	合计	方差的%	累积%	合计	方差%	累积%
1	9.092	53.484	53.484	9.092	53.484	53.484	6.585	38.737	38.737
2	2.037	11.982	65.465	2.037	11.982	65.465	3.497	20.568	59.305
3	1.560	9.177	74.642	1.560	9.177	74.642	1.906	11.214	70.520
4	1.046	6.155	80.797	1.046	6.155	80.797	1.747	10.277	80.797

注：第4个因子以后的特征值省略。

在此基础上，观察各因子的主成分提取情况。表6.5的第（2）列结果显示，提取程度最高的前3种指标分别是规模以上工业总产值、第二产业增加值占GDP比重和第三产业增加值占GDP比重，提取值分别为94.7%、91.5%和91.0%，除提取程度最低的职工平均工资（54.3%）外，其他指标的提取值均在70%以上，可见我们所构建的城市发展指标体系能够较好地解释城市发展的一般特征。为使各因子获取更加明显的实际含义，接下来对所有因子进行因子旋转，表6.5第3列～第6列报告了旋转后的因子荷载矩阵。可以看出，第1个公因子载荷最大的因子已经涵盖了城市发展的3个二级指标内容，分别是经济发展、社会发展和城市化发展。第2～第4个公因子载荷最大的分别是人均GDP、第二产业增加值占GDP比重和市辖区建设用地占市区面积比重。最后采用回归法测算的因子得分系数作为权重，计算城市发展的综合得分：

表 6.5 主成分提取、因子旋转载荷矩阵和因子得分系数矩阵

指标	提取值	因子载荷矩阵				因子得分系数矩阵			
		1	2	3	4	1	2	3	4
规模以上工业企业数	0.814	0.874	0.084	-0.118	0.170	0.219	-0.149	-0.118	-0.028
邮政业务总量	0.795	0.855	0.147	0.162	0.126	0.187	-0.103	0.035	-0.047
电信业务总量	0.794	0.838	0.186	0.162	0.177	0.165	-0.088	0.041	-0.006
市辖区年末总人口数	0.764	0.830	0.117	0.236	-0.071	0.213	-0.082	0.059	-0.200
全社会固定资产投资	0.817	0.830	0.324	-0.039	0.147	0.159	-0.017	-0.069	-0.070
规模以上工业总产值	0.947	0.828	0.368	-0.289	0.209	0.159	-0.008	-0.201	-0.046
科学支出万元	0.811	0.762	0.455	0.071	0.138	0.107	0.064	-0.002	-0.076
市辖区建成区面积	0.827	0.760	0.372	0.154	0.295	0.088	0.001	0.057	0.079
市辖区居住用地面积	0.752	0.726	0.330	0.163	0.298	0.085	-0.014	0.064	0.095
人均 GDP	0.874	0.350	0.811	-0.221	0.212	-0.069	0.303	-0.118	-0.022
每百人图书馆藏书	0.738	0.198	0.797	0.148	0.203	-0.138	0.332	0.096	0.031
人均社会消费品零售	0.860	0.506	0.734	0.026	0.253	-0.035	0.233	0.008	0.020
职工平均工资	0.543	0.145	0.695	0.002	-0.198	-0.054	0.350	-0.018	-0.301
第二产业增加值比重	0.910	0.011	0.225	-0.917	0.136	0.011	0.075	-0.490	-0.002
第三产业增加值比重	0.915	0.296	0.312	0.849	0.094	-0.056	0.099	0.457	0.058
市辖区建设用地比重	0.779	0.258	-0.048	-0.095	0.837	-0.052	-0.202	0.001	0.673
每万人拥有公共汽车	0.796	0.213	0.510	0.037	0.699	-0.156	0.108	0.074	0.488

$$F = 0.53484 \times 因子1 + 0.11982 \times 因子2 + 0.09177 \times 因子3 + 0.06155 \times 因子4 \quad (6.4)$$

由于所选择的三级指标均是正向指标，即F值越大，反映城市发展指数越高。测算结果显示（不包括年份差异），城市发展指数最高的十大城市由高向低依次为北京市、上海市、重庆市、广州市、天津市、深圳市、广州市、苏州市、杭州市、南京市；最低的十大城市由低到高依次为嘉峪关市、金昌市、丽江市、固原市、吴忠市、临沧市、中卫市、克拉玛依市、铜川市、庆阳市。而根据灯光亮度的阈值面积占比的结果显示（不包括年份差异），最高的十大城市依次为东莞市、中山市、嘉兴市、上海市、深圳市、佛山市、无锡市、珠海市、廊坊市、汕头市；最低的十大城市依次为酒泉市、张掖市、武威市、巴中市、呼伦贝尔市、巴彦淖尔市、陇南市、昭通市、普洱市、安康市。综合两种度量方法来看，一致地发现，城市发展水平较高的城市主要集中在广东、江苏、上海等东部沿海省市，城市发展水平较低的城市主要集中在甘肃、内蒙古、云南等西部省区市。可见两种度量方法的结论较为一致，能够较为真实地反映我国城市发展的综合水平。

6.3.4 卫星灯光数据与城市发展指数之间的可比性

虽然有较多文献对全球国家层面的灯光数据和城市扩张之间进行了可比性分析，但还没有文献单独对比中国的城市发展统计与灯光数据之间的相关性。根据《中国区域经济统计年鉴》《中国城市统计统计年鉴》等相关指标构建出地级市层面的城市发展指数，再参考亨德森（2012）的做法，采用如下的方程式估计主成分分析法测度的城市发展指数和平均灯光亮度度量的城市发展之间的相关度：

$$x_{i,t} = \beta y_{i,t} + \eta_i + \delta_t + \varepsilon_{i,t}^{x} \quad (6.5)$$

其中，y 是主成分分析法测算的城市发展指数，x 是卫星灯光亮度提取阈值面积度量的城市发展水平。这样度量的就是灯光与城市发展之间的弹性。在回归时控制城市固定效应 η_i 和时间固定效应 δ_t，以剔除不随时间和地区改变的因素的影响。回归结果显示，二者的弹性系数为 0.042，并且在1%水平上显著为正，意味着传统经济指标度量的城市发展指数每提高1%，卫星灯光亮度表征的城市发展将提高4.2%；两者的调整拟合优度为0.985，说明在控制时间和地区固定效应后，合成的城市发展指数能够解释平均灯光亮度的98.5%。图6.2列示了城市发展指数与平均灯光亮度之间的拟合效果，结果显示，卫星灯光与城市发展之间呈稳定的正相关关系，进一步证实了卫星灯光数据衡量城市发展具有较强的解释力，能够较好地反映我国城镇化进程的一般特征。

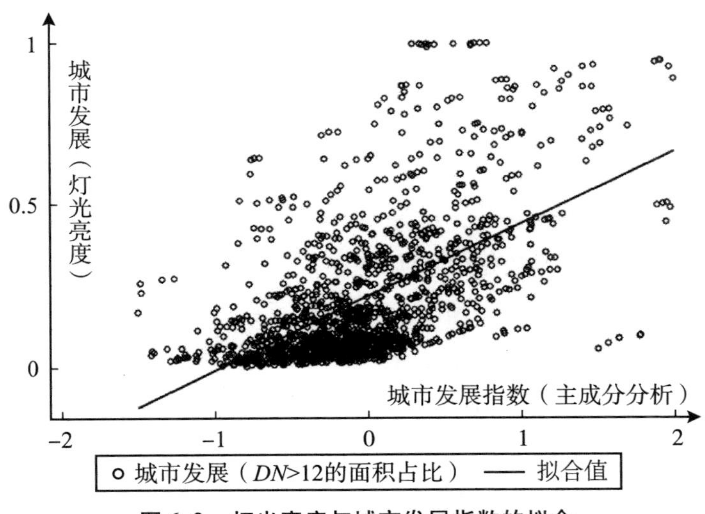

图6.2 灯光亮度与城市发展指数的拟合

6.4 共同趋势假说及研究设计

6.4.1 共同趋势假说

准确评估“营改增”改革对试点地区城市发展的净影响，就是要比较该地区在改革前后的城市发展差异。但是，直接比较可能无法得出准确的结论，因为试点地区的城市发展差异可能不是“营改增”改革带来的效果，因此必须考虑两者之间的内生性。由于“营改增”改革在不同地区、不同行业先行试点，再向全国展开的特点，这就导致试点地区在改革前后的城市发展差异，也有试点地区与非试点地区城市发展的差异，这两方面的差异为我们利用倍差法评估“营改增”的政策效应提供了良好的政策冲击。需要指出的是，政策变革本身应是外生的，即不受改革对象的影响，这是倍差法评估政策效果的基本前提。

然而，在“营改增”的试点城市选择上，中央政府有可能会考虑到试点城市的税收征管基础、产业结构等内在特征，导致不是因为“营改增”影响了城市发展，而是城市发展影响了“营改增”试点选择。这就为评估“营改增”的政策效应造成了难题。基于此，我们拟从代理变量和研究方法上进行努力，以尽可能地减轻内生性的困扰。一方面，研究数据上，我们采用卫星灯光数据度量城市发展，一定程度上能够降低税制改革与城市发展间的内生性关联，这是因为卫星灯光数据不同于我国统计局统计的城市发展指标，该数据由 NOAA 公布，这就保证了数据的客观性，不会受到我国地方政府人为干预因素的影响。另一方面，研究方法上，我们采用赫克曼等（Heckman et al.，1997，1998）提出的双重差分倾向得分匹配方法（Differences-in - Differences PSM Estimator，PSM - DID）进行检验，该方法适用于研究处理组和对照组来自不同区域，控制不可观测但不随时间变化的组间差异，以降低可能存在的内生性问题导致的有偏估计。

在图 6. 3 中，我们对比了试点地区和非试点地区在“营改增”前后的平均灯光亮度差异。可以看出，在 2012 年之前二者的平均灯光亮度差距较为平稳，这就基本能够满足倍差法评估“营改增”对城市发展影响的共同趋势要求。在 2012 年之后两者差距开始变缓，这就可能产生了一个对立的假说：一是改革可能没有带来预期的积极效应，试点城市平均灯光亮度的增长速度放缓，从而产生缩小趋势；二是可以从政策改革的时滞角度解读，即“分步式”的改革策略一定程度上破坏了增值税链条的完整性，在 2012 年试点地区的平均灯光亮度增长较为平缓，而随着在 2013 年试点的“1 + 6”行业在全国其他地区的展开，增值税链条走向完善，改革的净效应才逐渐体现，同时，由于对照组在 2013 年也实施了“营改增”改革，如果存在改革的增进效应，这就相当于提升了非试点城市的平均灯光亮度，进而缩小了处理组和对照组的相对差距。这一对立假说究竟哪一个成立，我们接下来将通过严谨的政策评估方法进行检验。

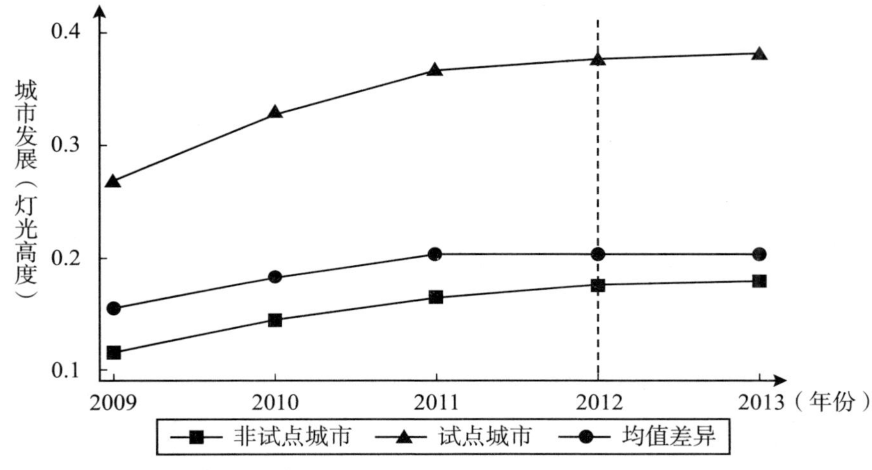

图 6.3 试点城市与非试点城市的平均灯光亮度差异

6.4.2 研究设计

本章以校准后的卫星灯光亮度提取阈值面积的办法度量城市发展，并利用新一轮税制变革实施的“准自然实验”特点，评估“营改增”对地方城市发展的影响。需要说明的是，本章的研究需要排除其他政策改革的冲击，一方面，2004～2008 年我国完成了增值税转型的试点改革，这就会对产业结构进而城市发展产生直接或间接性的影响；另一方面，本章还需要排除对城市发展产生直接影响的新型城镇化试点改革，但是这一改革是从 2015 年起实施。而卫星灯光数据目前仅更新至 2013 年，因此本章的研究对象主要为 2009～2013 年。具体来说，我们采用政策评估中的倍差法进行研究：

$$Urban_{it} = \alpha + \beta Reform_{it} + \gamma X + \delta_i + \zeta_{jt} + \varepsilon \tag{6.6}$$

其中，i 是地级市、t 是年份、j 是省份，$Urban_{it}$ 表示两个维度的平均灯光亮度，一是以该地级市灯光亮度大于 12 的面积占该市行政面积的比重，用来评估“营改增”对城市发展的水平效应；二是以高于灯光阈值的面积占比的增长率［（本年灯光亮度阈值面积占比 - 上年度灯光亮度阈值面积占比）/上年度灯光亮度阈值面积占比］度量城市发展的增长效应；$Reform_{it}$表示地级市 i 在 t 年实施“营改增”后取值为 1，其他取值为 0；该模型还同时控制了城市固定效应 δ_i、省份与年份交互的固定效应 ζ_{jt}，前者用来控制随地级市变化但不随时间变化因素的影响，后者用来区分“营改增”对省级层面的普遍影响与对地级市层面的直接影响的差异。这比通常政策研究中仅控制时间固定效应更加严格，有助于控制省份内的时间趋势差异，而不仅仅控制总体的时间趋势。因此，等价于 DID 中的交互项的系数，表示的是“营改增”改革对城市发展的影响程度。

根据现有经验研究的一般做法，对影响城市发展的主要因素进行控制，以降低可能存在的遗漏变量导致研究估计失真。主要控制变量选取如下：以地级市的年末总人口度量人口规模，并取自然对数表示，以反映地方的劳动力资源禀赋对城市发展的影响差异；考虑到我国各省市间的土地面积差距较大，而土地面积越大的地区可能灯光亮度越分散，反映在城市发展上可能就会弱于土地面积较小的地区，基于此，以地级市行政面积的对数进行衡量；此外，人力资本是经济发展不可缺失的关键因素，这里以（小学在校生 ×6 + 中学在校生 ×10.5 + 大学在校生 ×16）占总在校生人数的比重并取自然对数反映城市间的人力资本禀赋差异，以科学支出占地方财政一般预算内支出的比重反映城市间的科技投入的差异。

公式（6.6）定义了税制改革带来的平均意义上的城市发展效应，考虑到“营改增”改革分别从行业试点和地区试点逐步展开的特点，这就有可能造成部分试点地区增值税链条不完整，只有当试点地区的企业的上下游产业链均在试点地区范围内，才不会受到地区试点的影响，否则将会对增值税链条的完整性产生不利影响；随着试点范围的扩大，增值税链条在样本后期逐渐走向相对完整，这就会直接影响到试点地区的进项抵扣，进而关系到税制改革效应的动态变化。基于此，为进一步评估“营改增”对城市发展的动态效应，需要定义两个虚拟变量，即如果是 2012 年开始试点的地区，则该变量在改革之后取值为 1，其他年份取值为 0；类似地，如果该地区在 2013 年才开始实施“营改增”，则该地区在 2013 年之后取值为 1，其他年份为 0。此外，可进一步根据构建的传统城市发展指数分别对公式（6.6）和公式（6.7）进行稳健性检验。

$$Urban_{it} = \alpha + \beta_{2012} Re\ form_{it} + \beta_{2013} Re\ form_{it} + \gamma X + \delta_i + \zeta_{jt} + \varepsilon \quad (6.7)$$

本章核心数据卫星灯光来自 NGDC 网站，城市发展指数所需指标及控制变量数据均取自 EPS 全球统计数据分析平台。表 6.6 列示了改革前后的处理组（试点省份）和对照组（非试点省份）的均值统计及检验结果。可以发现，灯光亮度表征的城市发展及主成分分析法合成的城市发展指数无论是改革前还是改革后，处理组均显著高于对照组；改革前，处理组在人口规模、人力资本及科技投入方面均显著高于对照组城市，而土地面积显著低于对照组城市，这些特征在改革后没有发生显著变化，反映了我国城市发展的一般特征。

表 6.6　　均值统计及检验

变量	改革前			改革后		
	处理组	对照组	均值检验	处理组	对照组	均值检验
灯光阈值面积占比	0.319	0.140	0.179 (0.014)***	0.381	0.177	0.204 (0.026)***
合成城市发展指数	0.210	−0.202	0.412 (0.039)***	0.422	−0.016	0.438 (0.047)***
人口规模	5.989	5.811	0.179 (0.051)***	6.022	5.828	0.194 (0.063)***
土地面积	8.959	9.509	−0.550 (0.059)***	8.977	9.510	−0.533 (0.071)***
人力资本	2.194	2.160	0.034 (0.007)***	2.188	2.177	0.011 (0.009)
科技投入	0.022	0.010	0.012 (0.001)***	0.028	0.011	0.016 (0.001)***

注：*、**、*** 分别表示在 10%、5% 和 1% 的水平上显著，括号内为标准误；改革前均值及检验为 2012 年之前的数据，因对照组在 2013 年也进行了改革，因此，改革后的两组城市均值及检验选择 2012 年之后的数据。

6.5 基本结果、稳健性检验与作用机制

6.5.1 基准回归结果

我们以“营改增”改革的试点城市为处理组，非试点城市为对照组，在试点之后赋值为1，其他均赋值为0，同时控制城市固定效应、省份—时间固定效应及其他控制变量的影响，并对地级市层面聚类标准误（Cluster），以降低面板数据中标准误低估产生对改革效应的高估。首先，以灯光亮度大于阈值（$DN>12$）的面积占行政面积的比重作为评估城市发展水平效应的被解释变量，表6.7前两列列示了“营改增”改革对城市发展的水平影响。在不考虑影响城市发展的控制变量情况下，第（1）列结果显示，“营改增”对城市发展的水平效应在1%水平上显著为正，初步证实了“营改增”对城市发展的积极作用。在第（1）列回归的基础上，第（2）列纳入了影响城市发展的其他控制变量，回归结果显示，*Reform* 变量系数依然显著为正，进一步证实了“营改增”对试点城市的城市发展存在显著的水平效应，相当于在平均水平上提高1.46%（0.0031/0.2103）。

表6.7 “营改增”对城市发展的影响：水平效应、增长效应及动态效应

变量	水平效应		增长效应		动态效应	
	(1)	(2)	(3)	(4)	(5)	(6)
Reform	0.006*** (0.000)	0.003*** (0.001)	-0.109** (0.052)	-0.115** (0.055)		
*Reform*2012					0.002* (0.001)	-0.000 (0.002)

续表

变量	水平效应		增长效应		动态效应	
	(1)	(2)	(3)	(4)	(5)	(6)
*Reform*2013					0.006*** (0.000)	0.003*** (0.001)
人口规模		0.110** (0.051)		0.211 (0.167)		0.110** (0.051)
土地面积		0.019 (0.034)		-0.181 (0.111)		0.019 (0.034)
人力资本		0.102** (0.048)		0.276 (0.176)		0.102** (0.048)
科技投入		0.116 (0.131)		0.520 (0.360)		0.116 (0.131)
常数	0.232*** (0.001)	-0.812*** (0.224)	0.135*** (0.052)	-0.017 (1.163)	0.232*** (0.001)	-0.812*** (0.224)
省份—时间效应	yes	yes	yes	yes	yes	yes
城市固定效应	yes	yes	yes	yes	yes	yes
Within R^2	0.787	0.796	0.806	0.808	0.787	0.796
城市数	287	287	287	287	287	287
样本数	1431	1431	1144	1144	1431	1431

注：*、**、*** 分别表示在 10%、5% 和 1% 的水平上显著，括号内为标准误。

表 6.7 前两列考察了“营改增”对城市发展具有显著的水平效应，然而，“营改增”能否同步提升城市发展速度，即能否具有增长效应，也是本章关心的焦点之一。基于此，本章以地级市的灯光亮度大于阈值的面积占比的增长率为因变量进行评估。第（3）列结果显示，*Reform* 系数在 5% 水平上显著为负，这就初步证明了“营改增”对城市发展的增长速度没有体现积极的促进作用。进一步地，我们控制其他相关影响因素后，*Reform* 系数依然没有发生显著变化，这就意味着“营改增”对城市发展的增长效应非常弱，甚至为负，这就说明当前的“营改增”方

案难以对城市发展的持续深化难以形成有效的制度推动。不过需要指出的是，没有增长效应并不代表“营改增”没有推动城市发展，而是推动城市发展的速度没有递增的趋势，即“营改增”对城市发展具有递减的正面影响。

其直接原因是，可以从地方政府税收收入角度来解释。税收增长是地方政府发展城市、改善城市基础设施、提升城市发展动力的可靠保障，而税收分成又是决定地方税收增长的关键。因此就此角度来看，税收分成是否发生有利于地方政府的税收增长就决定着城市发展的持续动力。正如本章理论分析所言，中央与地方的税收分成变化发生在全面实施“营改增”改革之后，试点过程中的增值税分享比例与改革前相比没有发生变化，这就意味着在试点过程中，“营改增”对城市发展增长速度的贡献缺乏有效的税制基础。全面改革之后，虽然扩大了地方的分成比例，但是“一刀切”的分享原则和暂时性的改革方案都会对地方政府理性预期，进而对城市发展当期和长期的制度性安排产生不利的影响。另外，虽然在“营改增”试点过程中，地方政府财税格局没有发生显著变化，但是通过服务业的“营改增”扩大了增值税的抵扣链条，消除了产业间贸易的隐形税制成本，推动了产业间和产业内的分工深化，最终能够促进城市的发展。概括来说，当前“营改增”改革仅改变了服务业的税制，但是并没有相应地改变中央和地方的税收分成比例，这就导致“营改增”对城市发展的作用还没有完全体现出来，仅体现在城市发展的水平效应，对增长效应的贡献非常有限。

与传统税种的根本特点不同，增值税在产业链上对税制的完整性要求很高，如果对产业链条的税制破坏将会直接影响着上下游产业的税负转嫁和分工程度，进而影响服务业的发展。而服务业发展又是城市发展的前提和重要表现，从这个角度上讲，“分步式”的实施策略就可能对城市发展产生不利影响，因此，我们有兴趣对“营改增”的动态效应进行深入的考察。

根据公式（6.7）的定义方法，我们进一步考察“营改增”对城市发展的动态效应。表6.7最后两列分别报告了是否控制其他相关因素的影响，结果一致地显示，在改革的当年，*Reform* 系数为正，但并不显著，这就表明“营改增”改革效果确实存在一定的时滞，这可能正是因为“分步式”的改革策略扭曲了增值税链条的完整性所致。而在改革的次年，由于首次试点的“1 + 6”行业在全国范围内得到推广，这就使得增值税在地区层面上不再扭曲，大大提高了改革的净效应，这就解释了 *Reform*2013 系数能够显著为正的原因。然而考虑到在行业层面上实施的仍然是“分步式”的改革策略，这就可能仍然存在一定的链条机制损害，进而导致改革效率净损失。因为数据可得性的限制，对这一问题的回答我们拟根据主成分分析法得到的城市发展指数进行论证，考察在行业层面上的增值税扩围能否继续增进城市发展。

6.5.2 稳健性检验

为了检验倍差法评估“营改增”效应的有效性和稳健性，我们借鉴已有研究的做法（刘瑞明和赵仁杰，2015；彭飞和范子英，2016），通过假定政策执行时间进行安慰剂检验。如果存在除“营改增”之外的其他政策或随机性因素导致城市间的发展差异，也就是说这种差异并不是“营改增”带来的，如果这种可能性存在，那么这将导致前文的研究结论不成立。为了检验这种假说是否存在，本章分别假设在真实政策改革的前一年和前两年发生，如果此时交互项系数显著为正，则表明改革的净效应不是来自“营改增”改革，而是由其他政策或随机性因素的推动产生。反之，如果交互项不显著，则可以解释“营改增”对城市发展是具有增进贡献的。

具体来说，我们分别假设“营改增”发生在 2010 年和 2011 年，地区试点顺序不变，即定义“假设政策试点”在改革之后取值为 1，之前为 0，“试点城市”取值为 1，非试点城市取值为 0，那么“假设政策试点 × 试点城市”即为关心的虚假政策效应。表 6.8 前两列列示了这一回归结果，结果显示，这两个回归的交互项系数均不显著，证实了“营改增”对城市发展的水平效应并非偶然。

表 6.8 稳健性检验一：安慰剂及内生性检验

变量	安慰剂检验		内生性检验		
	2010 年	2011 年	地级市	省内样本	PSM - DID
假设政策时点×试点城市	0.003 (0.011)	-0.005 (0.010)			
假设政策时点	0.073*** (0.006)	0.056*** (0.007)			
Reform			0.005*** (0.000)	0.020*** (0.003)	0.003*** (0.001)
倾向得分					-0.003 (0.021)
人口规模	0.110** (0.051)	0.110** (0.051)	0.053 (0.051)	-0.249** (0.109)	0.110** (0.051)
土地面积	0.019 (0.034)	0.019 (0.034)	0.061* (0.033)	0.287*** (0.076)	0.019 (0.034)
人力资本	0.102** (0.048)	0.102** (0.048)	0.065 (0.051)	0.250 (0.171)	0.102** (0.048)
科技投入	0.116 (0.131)	0.116 (0.131)	0.114 (0.131)	0.018 (0.431)	0.115 (0.130)
常数	-0.882*** (0.225)	-0.863*** (0.225)	-0.805*** (0.209)	-1.267** (0.496)	-0.813*** (0.225)
省份—时间效应	yes	yes	yes	yes	yes
城市固定效应	yes	yes	yes	yes	yes
Within R^2	0.796	0.796	0.791	0.794	0.796
城市数	287	287	257	85	287
样本数	1431	1431	1281	425	1427

注：*、**、*** 分别表示在 10%、5% 和 1% 的水平上显著，括号内为标准误。

“营改增”与城市发展之间的内生性是本章研究的另一困扰。换句话说，城市发展本身可能会是“营改增”试点的选择依据，如果城市发展是“营改增”试点的原因，而不是结果，那么结论也将是无效的。对此，我们拟从以下角度进行检验。

首先，检验城市间禀赋差异对试点政策的逆向作用。一般而言，直辖市、省会城市和一般地级市在政策资源、税收基础及发展潜力等方面存在较大的差异，同时，卫星灯光数据本身具有截尾的特点（Top-coding = 63），发达的城市可能存在灯光亮度低估的风险。基于此，为避免对城市发展水平效应的高估，我们将考察对象限定在一般地级市，排除省会城市及直辖市的影响。表 6. 8 第 3 个回归结果显示，*Reform* 系数仍然在 1% 水平上显著为正，进一步佐证了城市禀赋差异不能左右“营改增”在推动城市发展的促进作用。与此同时，还回答了前文对“营改增推动了城市发展”还是“城市发展推动了营改增”的对立性假说。如果是发展程度高的城市选择为试点城市，那么对发展较弱的一般地级市而言，这一效果应该就难以体现，而事实证明并非如此，这就说明“营改增推动了城市发展”这一研究假说是正确的，而不是后者的自选择行为。

我们还发现，一般地级市的改革净效应显著高于未区分城市级别的结果，相当于在平均水平上增加 2. 35%（0. 0046/0. 1958），高出总体水平效应的 0. 89 个百分点，表明一般地级市在“营改增”之后获得了更快的城市发展，这就意味着“营改增”在不同城市之间的水平效应满足边际效应递减规律的特征，这是因为不同城市的初始资源禀赋、发展潜力存在较大的差异，发展程度较高的城市从“营改增”中获得的增量效应要弱于发展条件薄弱的城市。这一发现与《国家新型城镇化规划（2014 ~ 2020 年）》强调加快发展中小城市的思想一脉相承，这就表明深入推进“营改增”，有利于缩小城市间的发展差距，对全面推动新型城镇化建设，特别是中小城市的发展具有重要意义。

其次，检验试点省份内部的城市发展差异。在“营改增”的试点过程中，选择在省份层面进行了扩围改革，而试点省份与非试点省份之间可能存在着诸多差异，非试点省区市集中在中西部地区，在城市发展基础上明显较东部省份落后，如果以非试点省份为对照组，就可能会高估“营改增”的推动作用。因此，我们将研究对象限定在先行试点的“1 + 8”省市，比较其改革前后的城市发展差异，这样做一定程度上能够降低“营改增”试点改革与城市发展间的内生性关联的冲击，因为在试点省份内部，城市发展本身的差异相对较小，且政策改革对省内的城市而言是一致的。第4个回归结果显示，“营改增”系数依然在1%水平上显著为正，一方面证实了基准回归结论的稳健性，另一方面，*Reform* 系数高于基准结果，说明试点时间越早的城市，“营改增”对城市发展的增进效应越明显，相当于在平均水平上提升5.38%（0.0196/0.3429），从这一角度来看，分步式的改革策略一定程度上弱化了改革的增进效率。

虽然第3个回归和第4个回归分别从地级市和省内样本两个角度检验了“营改增”对城市发展的影响差异，一定程度上能够降低内生性的冲击，但是仍不能清晰地判断“营改增”试点的地区选择对城市发展的影响程度。为此，我们采用赫克曼等（1997，1998）提出的倾向得分双重差分方法进行检验，该方法的优势是允许处理组和对照组来自不同的地区，这就相当于控制了地区间的组间差异。

由于在我们的研究中，对照组（非试点城市）在2013年后也开始实施“营改增”，这就导致与通常情形下的对照组不同，不适用于传统的PSM - DID方法。这里借鉴彭飞和范子英（2016）的做法，根据影响试点地区选择的潜在因素进行回归，包括经济总量（GDP对数）、产业结构（第二产业增加值占GDP比重、第三产业增加值占GDP比重）、财政收入结构（各项税收占一般预算收入比重）并控制时间趋势的影响，对处理变量（是否试点城市）进行Probit回归估计，得到不同地区进行试点改革的概率，即倾向得分，然后将不同城市的倾向得分作为控制变量纳入倍差法模型中，即可得到转化后的PSM - DID方法。并且在传统PSM - DID方法中，也无法控制不随时间—地区等层面的固定效应的影响，本章在改进的方法中能够比较理想地规避这一问题。最后一个回归结果显示，*Reform* 系数依然显著为负，系数大小几乎没有发生显著性变化，说明试点城市本身的差异并不影响本章的研究结论。

此外，我们还对替代性假说、其他度量方式进行了检验（如表6.9所示）。由于卫星灯光数据在城市灯光亮度显示的特殊性，也可能存在这样一种巧合，即试点城市的灯光亮度的提高不是“营改增”改革带来的，而是由于城市主动寻求的结果，例如，2005年开始实施的全国文明城市评选，就可能激励了地方政府加大对路灯等道路设施的升级改造，造成繁荣的假象。基于此，我们排除了在样本时期内获得全国文明城市称号的城市①，第 1 个回归结果显示，这一疑虑并不存在，“营改增”对城市发展的水平效应依然显著。

我们还采用了其他阈值标准衡量城市的发展。在这里，参照杨眉等（2011）、秦蒙和刘修岩（2015）的研究，设定灯光阈值为 6，换句话说，只有灯光亮度大于 6 的栅格也被视为城市区域加以提取。同样的思路，我们还借鉴刘修岩等（2016）、艺等（2014）的做法，设定灯光阈值为 10。结果显示，*Reform* 系数均没有发生显著性的变化，进一步证实了结论的稳健性。

我们也采用传统文献研究城市发展的做法，以人口城市化和空间城市化为因变量进行检验。其中，人口城市化以市辖区人口占城市总人口的比重表示（章泉，2009），空间城市化以建成区面积占行政面积的比重表示（王家庭和王璇，2010）。表 6.8 最后两列分别以一般地级市和全部城市为研究对象，结果显示，与基准结果相一致，这就验证了本章结论的可靠性。基于卫星灯光数据的研究能够真实、有效地反映了我国城市发展的区域差异及其增进效果。

表 6.9　　稳健性检验二：替代性假说和其他度量

变量	非文明城市	阈值 >6	阈值 >10	人口城市化	空间城市化
	(1)	(2)	(3)	(4)	(5)
Reform	0.003*** (0.001)	0.009*** (0.002)	0.003*** (0.001)	0.005*** (0.002)	0.001** (0.001)

① 由于第二次全国文明城市的评选结果于 2009 年初既已公布，这就不会对我们的研究造成影响，只需对 2011 年 12 月 20 日评出的第三批全国文明城市进行剔除即可，评选出的 27 个城市分别是广州市、长春市、郑州市、银川市、临沂市、扬州市、淄博市、洛阳市、宜昌市、长沙市、江门市、克拉玛依市、朝阳区（北京市）、渝中区（重庆市）、福州市、杭州市、拉萨市、贵阳市、常德市、长治市、鄂尔多斯市、绵阳市、唐山市、常州市、嘉兴市、长宁区（上海市）、绥芬河市；第一批全国文明城市（区）于 2005 年 10 月 27 日评出，第四批全国文明城市（区）于 2015 年 2 月 28 日评出，这两次都不在研究样本范围内。资料来源：中国文明网。

续表

变量	非文明城市	阈值 >6	阈值 >10	人口城市化	空间城市化
	(1)	(2)	(3)	(4)	(5)
人口规模	0.056 (0.048)	-0.027 (0.073)	0.110 ** (0.055)	-0.168 *** (0.046)	0.001 (0.011)
土地面积	0.054 * (0.032)	0.041 (0.049)	0.042 (0.038)	-0.053 * (0.031)	-0.022 *** (0.007)
人力资本	0.095 * (0.048)	0.009 (0.065)	0.128 ** (0.061)	0.035 (0.065)	0.026 (0.016)
科技投入	0.118 (0.132)	0.121 (0.146)	0.150 (0.174)	-0.224 (0.139)	-0.094 (0.099)
常数	-0.817 *** (0.221)	0.181 (0.327)	-1.037 *** (0.285)	1.722 *** (0.195)	0.161 *** (0.055)
省份—时间效应	yes	yes	yes	yes	yes
城市固定效应	yes	yes	yes	yes	yes
Within R^2	0.787	0.771	0.828	0.214	0.133
城市数	262	287	287	257	287
样本数	1306	1431	1431	1538	1718

注：*、**、*** 分别表示在 10%、5% 和 1% 的水平上显著，括号内为标准误。

表 6.8 和表 6.9 从多个维度证实了“营改增”对城市平均灯光亮度的促进作用，然而考虑到卫星灯光数据较为抽象，接下来我们将采用基于经济统计指标合成的城市发展指数进行再检验。此外，控制变量、固定效应、聚类效应的选择与基准回归过程一致，以便有效对比和检验。

以公式（6.1）测算的城市发展指数为因变量，重新考察“营改增”对城市发展的影响。表 6.10 列示了不同纬度的检验结果。其一，“营改增”对城市发展的水平效应的再检验。第 1 个回归结果显示，*Reform* 系数在 1% 水平上显著为正，稳健地支持基准回归结果。考虑到在基准回归中，研究对象不包括 2014 年，如果主成分分析法合成的城市发展指数在

2014 年存在其他政策或随机性因素的冲击，那么将引起水平效应的高估，基于此，与基准回归的样本期一致，检验“营改增”在改革的前两年（不包括2014 年样本）对城市发展水平效应的影响。第二个回归结果显示，这一系数虽然比全样本下的水平效应小，但是仍然高度显著，这不仅表明“营改增”能够有效促进城市的发展，同时也表明随着“营改增”在行业层面的扩围，将进一步提升城市发展的水平效应。

表 6.10　　稳健性检验三：基于主成分分析法的再检验

变量	水平效应		增长效应		动态效应
	(1)	(2)	(3)	(4)	(5)
Reform	0.140*** (0.005)	0.087*** (0.018)	0.334 (0.305)	0.076 (0.156)	
Reform 2012					-0.080** (0.038)
Reform 2013					0.085*** (0.018)
Reform 2014					0.140*** (0.005)
人口规模	0.145 (0.088)	0.084 (0.104)	-8.023 (6.371)	-16.797* (9.881)	0.145 (0.088)
土地面积	-0.016 (0.067)	0.050 (0.074)	2.181 (4.086)	9.050 (6.340)	-0.016 (0.067)
人力资本	-0.131 (0.105)	-0.223* (0.115)	-8.255 (10.572)	3.580 (8.504)	-0.131 (0.105)
科技投入	0.842*** (0.245)	0.736*** (0.254)	-6.362 (10.525)	-20.420* (12.134)	0.842*** (0.245)
常数	-0.429 (0.432)	-0.486 (0.463)	44.819 (34.510)	6.727 (25.583)	-0.429 (0.432)
是否含 2014 年数据	是	否	是	否	是
省份—时间效应	yes	yes	yes	yes	yes

续表

变量	水平效应		增长效应		动态效应
	(1)	(2)	(3)	(4)	(5)
城市固定效应	yes	yes	yes	yes	yes
Within R^2	0.796	0.753	0.061	0.063	0.796
城市数	287	287	287	287	287
样本数	1718	1431	1431	1144	1718

注：*、**、*** 分别表示在10%、5%和1%的水平上显著，括号内为标准误。

其二，以城市发展指数的增长率为被解释变量，考察“营改增”对城市发展指数的增长效应。第（3）列结果显示，*Refom* 系数不显著，这与前文的研究发现基本是一致的，表明“营改增”对城市发展的增长效应不显著，甚至为负。作为对比，在回归中不包括2014年的数据，第（4）列结果显示，结论依然不显著，验证了当前的“营改增”虽然有利于城市的短期发展，但是从长期来看，并没有对城市发展增长路径提供有效的税制保障。

其三，基于城市发展指数考察“营改增”对城市发展的动态效应进行检验，以观察较多年份的改革效应。最后一列结果显示，“营改增”系数在改革的当年为负，次年起才显著体现改革的推动作用，这与灯光亮度阈值办法度量城市发展得到的结果基本一致。表明随着“营改增”在地区和行业层面的扩围，增值税链条不断走向完善，改革效率净损失不断缩小，体现了税制优化带来的产业结构升级对城市发展的积极贡献。同时也证实了“分步式”的改革策略是造成改革效率损失的主要原因，如果采用“一步到位”的改革策略将能够显著提升城市发展效率。

6.5.3 “营改增”影响城市发展的作用机制

前文从卫星灯光数据的阈值提取、城市禀赋差异、替代性度量方式、内生性等各个维度细致检验了“营改增”对城市发展的影响，结果一致地支持“营改增”对城市发展的推动作用。然而“营改增”推动城市发展的作用机理是什么，这就需要深入揭示“营改增”如何促进城市发展的核心驱动要素的发展。根据本章第三部分的理论分析，本章拟从产业结构升级、就业结构演进、投资结构优化、经济增长提升四个方面进行研究。

理论上，服务业“营改增”改革将直接消除服务业的重复征税，降低税制成本，推动服务业和制造业间的产业分工与协作，进而促进产业结构升级。产业结构演变理论认为，产业结构变动的一般趋势是，第三产业增加值的比重不断增加，第一、第二产业增加值的比重不断下降。对此，我们以第三产业增加值占 GDP 的比重及第二产业增加值占 GDP 的比重，度量城市的产业结构变迁。表 6.11 前两个回归结果显示，“营改增”对第三产业产值占比的影响显著为正，对第二产业产值占比的影响显著为负，这就证实了纳瑟姆曲线理论在中国的成立，即“营改增”有力地推动了第三产业的快速发展，降低了第二产业的比重，进而促进了产业结构的优化与升级，为城市的发展奠定了产业基础。

“营改增”对产业结构的优化效应离不开就业结构的同步演变，这是因为服务业是吸纳劳动力就业的主要产业，服务业的“营改增”将直接引导劳动力配置于第三产业，同时扩大就业容量。这里以城市第三产业、第二产业就业人数占该市年末单位从业人员数的比重反映就业结构的变化。第 3 个和第 4 个回归结果显示，“营改增”对第三产业就业人数占比的影响显著为正，对第二产业就业人数占比的影响显著为负，这就表明“营改增”有利于促进劳动力在产业间的合理配置，推动就业结构的优化。一般而言，以第三产业为主导的一国就业结构，才能更好地吸纳农业剩余劳动力转移到城市，直接促进以人为核心的新型城镇化建设。同时，劳动力在空间上和产业上的双重转移，又将扩大城市消费、提升基础设施供给，通过这些方面的累积效应又将进一步促进城市的发展。

表 6.11　“营改增”影响城市发展的作用机制

变量	第三产业产值占比	第二产业产值占比	第三产业就业占比	第二产业就业占比	投资结构	GDP	人均 GDP
	(1)	(2)	(3)	(4)	(5)	(6)	(7)
Reform	0.087*** (0.028)	−0.086*** (0.028)	0.049*** (0.014)	−0.048*** (0.014)	0.229** (0.113)	0.310*** (0.059)	0.320*** (0.013)
人口规模	−0.010 (0.030)	−0.016 (0.037)	— (0.090)	−0.024 (0.091)	−0.393 (0.376)	0.366*** (0.092)	−0.240 (0.225)
土地面积	0.018 (0.020)	−0.039 (0.025)	0.059 (0.069)	−0.045 (0.071)	0.499** (0.241)	−0.046 (0.073)	−0.199 (0.153)
人力资本	−0.058 (0.036)	0.084* (0.050)	0.252*** (0.091)	−0.176* (0.098)	0.746 (0.505)	0.079 (0.118)	0.301* (0.165)
科技投入	−0.002 (0.039)	0.065 (0.066)	0.414* (0.225)	−0.423* (0.230)	−0.613 (0.667)	0.261** (0.132)	0.693* (0.415)
常数	0.318** (0.151)	0.850*** (0.196)	−0.653 (0.589)	1.473** (0.609)	11.779*** (2.214)	14.840*** (0.657)	13.438*** (0.921)
省份—时间效应	yes	yes	yes	yes	yes	yes	yes
城市固定效应	yes	yes	yes	yes	yes	yes	yes

续表

变量	第三产业产值占比	第二产业产值占比	第三产业就业占比	第二产业就业占比	投资结构	GDP	人均 GDP
	(1)	(2)	(3)	(4)	(5)	(6)	(7)
Within R^2	0.649	0.561	0.380	0.431	0.677	0.990	0.909
城市数	287	287	287	287	287	287	287
样本数	1718	1718	1718	1718	1718	1718	1718

注：*、**、*** 分别表示在 10%、5% 和 1% 的水平上显著，括号内为标准误；第二、第三产业增加值占 GDP 比重、就业、投资、GDP 及其相应价格指数数据均来自 EPS 全球统计数据平台。

投资作为城市发展的主要途径，也是影响城市发展质量的重要因素，如果“营改增”能够显著影响地方政府的投资结构偏向，投资将是影响“营改增”的城市发展效应的又一机制。在我国统计核算中，全社会固定资产投资主要划分为基本建设、更新改造、房地产开发和其他固定资产投资四个部分。由于房地产行业在样本短时期内尚未纳入“营改增”范围内，因此，我们以不包含房地产投资的其他全社会固定资产投资并取对数度量城市投资结构。投资数据经过省级固定资产投资价格指数平减（2009年定基），以剔除年度价格因素的影响。第（5）列回归结果显示，*Refom* 系数在5%水平上显著为正，这就说明“营改增”显著促进了城市投资结构的优化，提升了新型城镇化的城市发展质量，验证了石忆邵（2013）的观点，即新型城镇化假设要依托“社会性投资驱动”而不应是传统的“房地产投资驱动”。

经济总量增长为城市发展提供必要的物质基础，也是城市发展的核心内容和关键驱动。因此有必要检验“营改增”能否有效地促进了城市的经济增长。为此，我们分别以城市实际GDP和实际人均GDP的对数衡量经济增长，经过省级GDP指数和人均GDP指数进行平减（2009年定基）。表6.11最后两列回归结果显示，*Refom* 系数均在1%水平上显著为正，一致表明经济增长也是影响城市发展效应的重要机制之一。

6.6 小　结

既有的研究表明，税制改革对城市发展具有重要作用。然而，我国服务业“营改增”作为供给侧结构性改革的重要内容，在消除重复征税、深化产业分工的同时，能否进一步推动城市发展？在此背景下，本章基于NOAA公布的DMSP/OLS度量城市发展，以分步式的“营改增”改革为“准自然实验”，采用倍差法评估“营改增”对城市发展的影响。

研究发现，“营改增”对城市发展具有正的水平效应而不具有正的增长效应，这就意味着“营改增”对城市发展具有递减的正面影响。这是因为服务业“营改增”对于优化税制、促进产业发展乃至城市发展起到直接的税制作用，然而试点过程中要求保持财政格局基本不变的税收归属原则，使得试点中仍采取改革前的增值税税收分成方案，这就对地方政府难以形成有效的税收激励，从而对城市发展速度的提升难以形成持续有效的动力支持。因此，至少可以从税收分成角度解释增长效应不显著甚至为负的原因。虽然城市发展的增长效应不成立，但是并不能说明“营改增”不利于增进城市的发展，只是说明对城市发展水平效应的促进作用比较有限，符合收敛规律的一般特征。

此外，“营改增”对城市发展的水平效应在改革的当年并不显著，随着试点地区和试点行业的扩大，这一效应在改革的次年起才得以显现。具体来说，“分步式”的改革策略破坏了增值税抵扣链条的完整性，弱化了产业、城市发展的驱动效果，产生改革效率的净损失。相对而言，“营改增”的一次性到位改革策略则能够满足增值税中性原则的要求，一方面有助于消除行业间、地区间的税制差异而导致的不公平竞争，另一方面也有助于增进改革效率。从这个角度来讲，本章的研究证实了李克强总理在2016年全国“两会”期间要求全面实施“营改增”的必要性和紧迫性，同时从效率改进的角度为“营改增”的立法改革提供了直接的经验依据。在剩下的非生产性服务业实行“一步到位式”的改革策略，这将有助于推动城市发展及其作用机制的深化。研究还发现，一般地级市的城市发展水平效应的增进效果要高于大城市，这就意味着“营改增”改革有助于缩小城市间的发展差距，对中小城市的促进作用明显。本章研究的政策传导机制是，“营改增”通过促进产业结构升级、就业结构演进、经济增长以及投资结构优化，形成产业的集聚效应和规模效应，促进城市的发展。

随着试点范围的扩大，“营改增”释放的改革红利将逐步得到体现，但是从长期来看，“营改增”能否进一步提升城市发展速度，落脚点在于不断完善增值税抵扣链条，例如，降低税率、减并税档，这对助推产业结构升级、增进城市发展至关重要。同时，要以“营改增”改革为契机，正确处理好中央与地方间的税收分成财政体制，并兼顾调动地方建设新型城镇化的积极性，才能为“十三五”规划相关目标的实现提供持续的税制动力。

第 7 章

总结论与政策建议

7.1 结　　论

自 1994 年分税制改革以来，确立了在制造业实施增值税，在服务业实施营业税，这一两税分设的特点长期以来备受争论。最明显的特点是不同的税制直接导致了服务业的重复征税问题，增加了行业分工与协作的成本，不利于产业间的分工发展。为解决这一问题，自 2012 年起在服务业开启了“营改增”试点工作，然而，增值税显著区别于传统税种的是，对产业链的环环相扣要求很高，而服务业的“营改增”基于分地区、分行业的逐步展开，这就与增值税对完整的抵扣链条的内在要求不尽一致，可能导致改革效率的损失。

“营改增”在服务业的税制转换，也包括对增值税税率的安排，在制造业的 13% 和 17% 两档税率的基础上，考虑到服务业的进项相对较小，根据细分行业的特点，新增了 11% 和 6% 两档税率，前者适用于交通运输业、邮政业、建筑业、房地产业，后者适用于金融业、现代服务业（有形动产租赁适用 17%）。[①] 改革的适用税率及上游中间投入的双重差异直接影响到企业税负变化，对此，有很多的文献评估了这一改革对不同行业的

① 这里指的是试点进程中的增值税税率设计，2019 年实行了 13%、9% 和 6% 的税率。

税负影响，正如政府所关心的，相对于对消费者价格的长期或短期影响，其更加关注对不同行业税负减轻的讨论（Cui，2014）。但是多重税率的设定使得税制趋于复杂，税收中性受到冲击，进而对改革效果产生不利影响。

通过优化税制，使增值税的抵扣链条在三次产业间贯通，从制度上消除重复征税问题。然而，此轮税制改革的最终目的并不是减税，而是受益于重复征税的消除，扩大内需、促进分工、增进创新、改善出口，为产业结构转型升级、经济发展方式转变奠定税制基础（中国政府网，2016）。基于此，本书以产业分工为研究视角，首先评估服务业税制改革对产业发展的影响，然后基于产业发展是城市发展的前提和重要支撑，讨论对城市发展的增进效果。在这一背景下，本书从经验的角度对税制改革与分工、城市发展之间的关系展开研究。具体而言，本书的研究结论主要包括以下四个方面：

（1）企业所属行业的产业关联度以及中间投入行业的增值税率是决定“营改增”的减税效应和分工效应的关键因素。以2009～2014年中国服务业上市公司为研究对象，利用三重差分方法评估发现，从总体上来看，“营改增”对企业的减税效应和分工效应较弱，但是在纳入产业互联的作用后，发现这一减税效应和分工效应得以显著体现，这就说明只有产业互联度越高的企业，改革效应才更加突出；进一步地，“分步式”的改革策略是决定“营改增”动态效应表现的重要原因。只有在改革的第三年，才体现改革的显著效果，这正是因为“分步式”的改革策略对增值税链条完整性的破坏，弱化了改革效应。从地区分工来看，“营改增”还有效推动了企业跨地区的分工与协作，促进企业设备类固定资产投资。

（2）在减税和分工的形成机制下，“营改增”增进了企业生产率，促进了企业出口的深化，但是对出口的宽化作用有限。在产业互联的作用下，出口退税范围的扩大，直接降低了企业的出口成本，因而有利于扩大企业的出口规模，提高企业的出口利润，但是对非出口企业，由于其不倾向参与对外贸易，即使增加出口退税优惠幅度，也无利于出口宽化。在分工的作用机制下，“营改增”显著提高了企业生产率，但是存在显著的异质性，其中，研发企业、信息技术企业获得了显著的生产率进步，但是国有企业、补贴企业没有获得相应的生产率提升；试点时间越早的行业和地区，出口及生产率效应均高于总体效应，说明“分步式”改革策略存在一定的弊端。

（3）服务业的“营改增”通过行业间的前向关联和后向关联，促进制造业的发展。基于 2009 ~ 2013 年中国国有企业及规模以上非国有制造业企业数据，以试点地区的企业为处理组，以非试点地区的企业为对照组，然后测度不同制造业与“营改增”服务业之间的后向关联和前向关联程度，利用三重差分方法研究服务业税制改革对制造业企业绩效的影响。研究发现，后向关联越强的制造业企业，其向“营改增”试点行业供给越多，增值税抵扣链条就会相对完整，这就相当于显著扩大了“营改增”服务业企业对制造业产品的需求，从而制造业企业绩效提升越明显。同样的道理，生产型服务业的“营改增”也将扩大制造业对其产品和服务的需求，进项抵扣能力的提高和分工程度的细化也能够同步提升制造业企业绩效，换句话说，前向关联也对制造业企业绩效起到显著的促进作用。因此综合来看，前向关联和后向关联是服务业“营改增”推动制造业发展的重要机制，体现了产业分工的重要内涵与改革目标。此外，本书进一步挖掘了改革效应的重要载体，其中，国有制造业企业的税制改革效应相对较弱，这与其自身行业的所有制属性相关，不仅关注经济绩效，社会绩效也是其关注的重要目标，因此这种“软预算约束”性质导致了税制改革效应在所有制上的差异；如果企业的产品主要销往国外，那么其对国内“营改增”服务业企业的供给比例就会较小，因此，出口企业的绩效提升空间较为有限，即出口企业的后向关联效应不显著，这与其自身产品市场结构密切相关。

（4）服务业“营改增”显著促进了城市的发展，产业结构升级、就业结构演进、投资结构优化及经济增长提升为这一改革效应的实现提供了潜在机制。为规避传统合成方法测算城市发展在指标选择过程的主观性偏颇，本书基于校准后的卫星灯光数据重构中国地级市层面的城市发展指标，利用服务业“营改增”在不同地区的试点改革为“准自然实验”，运用倍差法考察了“营改增”对城市发展的水平效应、增长效应和动态效应。结果显示，“营改增”对城市发展产生了显著的水平效应，但不具有增长效应，这是因为“营改增”促进了产业结构升级、就业结构演进、投资优化及经济增长，这些促进方面可视为结构优化效应带来的城市发展。但是，当前的税收分成原则未对地方政府形成长期的理性预期，从而未能进一步对城市发展速度形成有效的制度推动。此外，“分步式”的改革策略一定程度上破坏了增值税链条的完整性，从而城市发展效应的发挥表现出滞后的特点。

7.2 政策建议

李克强总理在2016年政府工作报告中指出，加快供给侧结构性改革，全面实施“营改增”。通过“营改增”的税价分离，引导资源配置方向，让市场在资源配置中发挥决定性作用，这正是供给侧结构性改革的应有之义，这也是其深层次目标。“营改增”作为推动供给侧结构性改革的重要举措和巨大推力，能否有效实现产业结构升级、促进产业分工与协作，关系到能否为经济增长提供持续动力，也关系到供给侧结构性改革的成败。

在此背景下，本书基于产业分工的视角，系统地评估了“营改增”对服务业和制造业企业绩效以及城市发展的影响，验证了产业互联在“营改增”的减税效应和分工效应中的关键作用，肯定了“营改增”对服务业、制造业及城市发展的促进效果。本书的结论为“营改增”的深入推进提供了可供参考的经验证据。但是，“营改增”在改革过程也不乏存在部分企业税负增加、效率损失等现实问题，需要在顶层设计中加以完善。基于此，本书提出如下政策建议：

7.2.1 税率设置应有充分的理论依据，需要进一步细分行业

（1）为了促进行业间的税负公平，有必要对增值税税率的水平与结构进行调整，以优化税收环境。一方面，即使是同一行业内部，也存在较

大的进项差异，进而导致改革后的企业税负变化明显不同。以交通运输业下的道路运输和水路运输为例，如果使用较为宽泛的统一税率，对水路运输业而言，由于其主要运输成本——燃油费在抵扣范围内，进而有利于减轻企业税负，但是对路桥费为主要成本的道路运输业，由于这部分成本在试点时期尚不能进行抵扣因此势必会加重这一行业的整体税负和专业化分工的难度。为了解决这一问题，《财政部　国家税务总局关于收费公路通行费增值税抵扣有关问题的通知》以及《财政部　国家税务总局关于进一步明确全面推开营改增试点有关劳务派遣服务、收费公路通行费抵扣等政策的通知》对自 2016 年 5 月 1 日后的取得的通行费发票（不含财政发票）可以抵扣进行税额，暂未列示截止日期，这虽然从短期来看能够降低道路运输业的行业税负，但是存在较大的不确定性，不利于稳定行业内企业的市场预期，从长远考虑，应以立法的形式完善增值税税率。

另一方面，应审慎降低有关行业的增值税率。例如，对于以研发为主的创新型企业来说，适用于 6% 的增值税率，就存在税率设置过高的难题，由于这类企业的固定资产投资更新需求一般较小，不利于进项抵扣，这就不利于改革后企业税负的平稳过渡，进而可能导致对创新型企业的研发投入的挤出，这与当前习近平总书记提出的 2020 年进入创新型国家行列的目标不甚一致，因此，从税率角度来看，这一税制改革还存在较大的优化空间。

（2）应统一部分行业的增值税税率，过于复杂的增值税税档，同样不利于行业内产业链的发展。例如，运输业和仓储业是物流链的两大核心环节，实施不同的增值税率，不仅增加了税收征管的难度，也给逃税留下了隐患，更为不利的是，破坏了物流产业链的完整性。具体而言，小规模纳税人实行 3% 的增值税率，仓储等物流辅助业实行 6% 的税率，运输配送实行 11% 的税率。[①] 对于小规模纳税人来说，由改革前的 5% 的营业税率下降至 3% 的增值税率，这对于小规模纳税人来说税负下降较为明显，这也是很多出租车营运公司、公交公司更愿意成为小规模纳税人的原因。

① 增值税试点进程中存在着税率差异，在 2019 年，虽然交通运输服务业税率由 11% 降低为 9%，但是物流产业链的税率差异问题仍然存在。

对于仓储企业，由5%的营业税率调整至6%的增值税率，由于进项抵扣难度不大，原则上也能够减轻企业税负。但是对于运输配送企业来说，由5%的营业税率陡增至11%的增值税率，由于主要运输工具都存在一定的使用周期，导致进项抵扣非常困难，加重这一行业的长期税负。针对这一问题，庞凤喜和凌瑜明（2015）还提出了另一改革思路，本书也认为不失为探索的可能路径选择：他们指出，可参照韩国的做法，一方面，调低一般纳税人和小规模纳税人的划分标准，以及增值税起征点标准；另一方面，简易征收增值税办法的对象应仅适用于个人，且还要依据该对象的主营业务是否处于产业链条中，目的是不影响增值税链条机制的正常运转。

7.2.2 "分步式"的政策实施流程削弱了改革的总体效应，应采取一次性到位的改革策略

增值税链条的完整性是影响增值税税收中性原则的重要前提，然而，在"营改增"过程中推行的分地区、分行业的"分步式"改革策略，人为破坏了增值税链条的完整性，不仅限制了企业的进项抵扣，而且会冲击到增值税企业的产业互联，从而增加了企业的隐形负担和分工难度，进而直接影响到产业升级乃至城市发展的推动效果。本书分别以服务业上市公司、国有及规模以上非国有制造业企业、地级市为研究对象，分别考察"营改增"对服务业、制造业及城市发展的不同效应，一再证实了"分步式"改革策略在不同层面均产生了明显的效率损失，弱化了改革效果。值得庆幸的是，2016年"两会"期间，明确了自2016年5月1日起在全国全行业范围内实行"营改增"，采取的正是一次性到位的改革策略。

"营改增"的一次性到位改革策略有助于保持增值税链条的完整性，有助于消除行业间、地区间的税制差异而导致的不公平竞争，同时有助于增进效率。从这个角度来讲，本书的研究为李克强总理在"两会"期间要求全面推进"营改增"改革提供了经验支撑。随着试点范围的扩大，"营改增"释放的改革红利将逐步得到体现，但从长期来看，"营改增"

能否进一步提升生产效率，落脚点在于不断调整优化不同行业的增值税率，完善增值税抵扣链条机制。

7.2.3 政策边界的划分不够清晰，可进行简易征收方式

从营业税的行业来看，一些行业的特征值得重视。通过对不同行业的产业互联度进行测算，发现不同行的产业互联度存在较大差异。例如，截至2014年底，货币金融和其他金融服务的产业互联度仅为2.07%、烟草制品业为3.81%、林业3.95%、石油开采业为5.61%、医药制造业为9.46%、房屋建筑业为10.39%。这就表明如果对产业互联程度高的行业实施“营改增”改革，能够有效实现“营改增”的减税效应和分工效应，而对诸如金融业等较低产业互联度的行业，由于其与其他行业缺乏足够的关联，即使实施增值税，其进项抵扣比例也非常低，也还是不能有效实现减税目标，甚至可能加重企业税负，同时也不能有效促进企业专业化分工。因此，本书认为，并不是所有行业都适合“营改增”，既然有“营改增”改革，根据具体行业产业互联特点，可进行相应的“增改营”，对产业关联度低的行业采用简便征收的方式。这方面我们可以借鉴我国台湾的做法，在金融保险业、餐饮业和小规模营业主体中实行营业税的计征办法。

具体来说，改革的依据取决于小规模纳税人与增值税链条的关联度大小。如果关联度很低，那么可以继续适用于小规模纳税人，否则应取消其小规模纳税人资格，划入一般增值税纳税人，对于重新划分后的纳税人主体资格，如果是小规模纳税人，那么可进行“增改营”，这不仅不会破坏增值税链条的完整性，而且有利于降低税收征管成本，体现税收公平原则。不可否认，营业税在税收实践中的合理性，不仅不会拖累税制改革的既定目标，而且有助于推进地方税建设。

7.2.4 优化税收分成原则，以调动地方新型城镇化的积极性

合理的增值税分配原则对于推动“营改增”的顺利进行，助推产业结

构升级、增进城市高质量发展具有非常重要的现实意义。营业税作为地方财政的第一大税种，营业税改征增值税后，征收机关将由地方税务局转移到国家税务局，地方税务局的征管范围缩小，国家税务局的征管范围扩大，如果完全执行 1994 年确立的 75∶25 的增值税分享原则，这势必会降低地方财政收入，加剧地方与中央之间的纵向不平衡。为了顺利推行“营改增”，试点过程中仍采用这一分享原则，原归属于地方的营业税收入在改革后仍纳入地方财政。随后，2016 年 4 月 29 日，国务院公布了《全面推开营改增试点后调整中央与地方增值税收入划分过渡方案》，指出所有行业企业缴纳的增值税均纳入中央和地方共享范围，中央和地方各分享增值税的 50%，过渡期暂定 2～3 年。但是这仍然存在较大的不确定性，难以对地方政府的城市发展所需的税源提供理性的预期，而产生次优效果。关键在于优化中央与地方的税收分成比例，以调动地方城市发展的积极性。

本书主要关注“营改增”对企业、产业以及城市发展的影响评估，然而地方与中央财力格局的调整与分配也是绕不开的话题，“营改增”的继续推进，必将涉及地方税的主体税源培养与形成。以“营改增”改革为契机，正确处理好分税制财政体制，才能落实党的十八届三中全会提出的“深化税收制度改革，完善地方税体系……”的口号。例如，消费税分享改革、下放对宏观经济影响较小的税制管理权等，兼顾地方经济发展不平衡，以均衡地区间的财力差距。

参考文献

[1] 陈钊，王旸．“营改增”是否促进了专业化分工：来自中国上市公司双重差分模型的证据 [J]．管理世界，2016 (3)：36-45.

[2] 陈烨，张欣，寇恩惠．增值税转型对就业负面影响的 CGE 模拟分析 [J]．经济研究，2010 (9)：29-42.

[3] 陈丽霖，廖恒．增值税转型对企业生产效率的影响——来自我国上市公司的经验证据 [J]．财经科学，2013 (5)：56-66.

[4] 陈晓光．增值税有效税率差异与效率损失——兼议对“营改增”的启示 [J]．中国社会科学，2013 (8)：67-84.

[5] 程子建．增值税扩围改革的价格影响与福利效应 [J]．财经研究，2011 (10)：4-14.

[6] 丁胜红，曾峻．“营改增”对产业结构与国家价值链塑造升级的驱动效应研究：基于“1+6”服务行业上市公司的面板数据 [J]．求索，2014 (12)：56-60.

[7] 范子英，彭飞．“营改增”的减税效应和分工效应：基于产业互联的视角 [J]．经济研究，2017 (2)：82-95.

[8] 范子英，彭飞，刘冲．政治关联与经济增长——基于卫星灯光数据的研究 [J]．经济研究，2016 (1)：114-126.

[9] 傅传锐．增值税转型对企业智力资本价值创造效率的影响——基于我国上市公司 2007~2012 年的面板双重差分估计 [J]．经济管理，2015，37 (1)：98-108.

[10] 郭宏宝．财产税、城市扩张与住房价格：基于 12 个城市面板的经验分析 [J]．财贸经济，2011 (3)：123-131.

[11] 郝晓薇，段义德．基于宏观视角的“营改增”效应分析［J］．税务研究，2014（5）：3－7.

[12] 何流，崔功豪．南京城市空间扩展的特征与机制［J］．城市规划学刊，2000（6）：56－60.

[13] 何光辉，杨咸月．融资约束对企业生产率的影响——基于系统GMM方法的国企与民企差异检验［J］．数量经济技术经济研究，2012（5）：19－35.

[14] 胡昭玲．产品内国际分工对中国工业生产率的影响分析［J］．中国工业经济，2007（6）：38－45.

[15] 黄运．“营改增”经济效应的作用机理［N］．中国税务报，2013－07－24.

[16] 李成，张玉霞．中国“营改增”改革的政策效应：基于双重差分模型的检验［J］．财政研究，2015（2）：44－49.

[17] 李成，陈智，叶颖玫．融资约束视角下增值税改革对企业投资效率的政策效应研究［J］．财政研究，2016（1）：93－103.

[18] 李春顶．中国出口企业是否存在“生产率悖论”：基于中国制造业企业数据的检验［J］．世界经济，2010（7）：64－81.

[19] 李春顶，赵美英．出口贸易是否提高了我国企业的生产率？——基于中国2007年制造业企业数据的检验［J］．财经研究，2010，36（4）：14－24.

[20] 李青原，唐建新．企业纵向一体化的决定因素与生产效率——来自我国制造业企业的经验证据［J］．南开管理评论，2010，13（3）：60－69.

[21] 李心丹，朱洪亮，张兵，罗浩．基于DEA的上市公司并购效率研究［J］．经济研究，2003（10）：15－24.

[22] 梁若冰，叶一帆，营改增对企业间贸易的影响：兼论试点的贸易转移效应［J］．财政研究，2016（2）：52－64.

[23] 刘骏，刘峰．财政集权、政府控制与企业税负——来自中国的证据［J］．会计研究，2014（1）：21－28.

[24] 刘明，王友梅．“营改增”后中央与地方增值税分享比例问题

[J]. 税务研究，2013（12）：18－20.

[25] 刘修岩，李松林，秦蒙. 开发时滞、市场不确定性与城市蔓延[J]. 经济研究，2016（8）：159－171.

[26] 鲁晓东，刘京军，王咏哲. 贸易方式、所有权结构与中国企业出口扩展边际[J]. 国际贸易问题，2016（3）：15－27.

[27] 鲁晓东，连玉君. 中国工业企业全要素生产率估计：1999～2007[J]. 经济学（季刊），2012，11（2）：541－558.

[28] 罗宏，陈丽霖. 增值税转型对企业融资约束的影响研究[J]. 会计研究，2013（12）：43－49.

[29] 聂海峰，刘怡. 增值税转型对收入分配的影响[J]. 税务研究，2009（8）：44－47.

[30] 聂辉华，方明月，李涛. 增值税转型对企业行为和绩效的影响——以东北地区为例[J]. 管理世界，2009（5）：17－24.

[31] 潘文轩. "营改增"试点中部分企业税负"不减反增"现象释疑[J]. 广东商学院学报，2013，28（1）：43－49.

[32] 庞凤喜，凌瑜明. 中国服务业"营改增"理论效应分析与制度设计[J]. 税务与经济，2015（3）：71－76.

[33] 彭飞，范子英. 税收优惠、捐赠成本与企业捐赠[J]. 世界经济，2016（7）：144－167.

[34] 秦蒙，刘修岩. 城市蔓延是否带来了我国城市生产效率的损失？——基于夜间灯光数据的实证研究[J]. 财经研究，2015，41（7）：28－40.

[35] 渠涛，蔡建明，董玛力. 行政区划调整与城市发展变化——以1990年～2005年时间段为例[J]. 城市问题，2009（2）：32－36.

[36] 石忆邵. 中国新型城镇化与大城市发展[J]. 城市规划学刊，2013（4）：114－119.

[37] 孙红梅，郭梦荫. 税制改革影响城市发展的空间研究[J]. 统计与信息论坛，2015，30（7）：39－45.

[38] 孙正，李学军. 基于"营改增"视角的流转税改革优化了国民

收入分配格局吗 [J]. 上海经济研究，2015 (2)：46－56.

[39] 唐东波. 垂直专业分工与劳动生产率：一个全球化视角的研究 [J]. 世界经济，2014 (11)：25－52.

[40] 汤蕴懿，闫强. 上海"营改增"试点的长期财政效应：必要性和实证检验 [J]. 上海经济研究，2014 (5)：113－120.

[41] 田志伟，胡怡建."营改增"对财政经济的动态影响：基于CGE模型的分析 [J]. 财经研究，2014 (2)：4－18.

[42] 王垚，年猛. 政府"偏爱"与城市发展：以中国为例 [J]. 财贸经济，2015 (5)：147－160.

[43] 王家庭，王璇. 我国城市化与环境污染的关系研究——基于28个省市面板数据的实证分析 [J]. 城市问题，2010 (11)：9－15.

[44] 王新红，云佳."营改增"对交通运输业上市公司流转类税负及业绩的影响研究 [J]. 税务与经济，2014 (6)：76－82.

[45] 王瑜，綦好东. 我国农工一体化企业纵向一体化：程度与绩效 [J]. 东岳论丛，2015，36 (8)：123－127.

[46] 王跃堂，倪婷婷. 增值税转型、产权特征与企业劳动力需求 [J]. 管理科学学报，2015，18 (4)：18－37.

[47] 吴联生. 国有股权、税收优惠与公司税负 [J]. 经济研究，2009 (10)：109－120.

[48] 徐康宁，陈丰龙，刘修岩. 中国经济增长的真实性：基于全球夜间灯光数据的检验 [J]. 经济研究，2015 (9)：17－29.

[49] 杨眉，王世新，周艺，王丽涛. 基于DMSP/OLS影像的城市化水平遥感估算方法 [J]. 遥感信息，2011 (4)：100－106.

[50] 杨文，刘永功. 中国城市发展质量评价 [J]. 城市问题，2015 (2)：2－7.

[51] 阳佳余. 融资约束与企业出口行为：基于工业企业数据的经验研究 [J]. 经济学 (季刊)，2012，11 (4)：1503－1524.

[52] 袁从帅，刘晔，王治华，刘睿智."营改增"对企业投资、研发及劳动雇佣的影响——基于中国上市公司双重差分模型的分析 [J]. 中

国经济问题，2015（3）：3－13.

[53] 张杰，刘志彪，郑江淮．产业链定位、分工与集聚如何影响企业创新——基于江苏省制造业企业问卷调查的实证研究 [J]．中国工业经济，2007（7）：47－55.

[54] 曾萍，吕迪伟．生产率对民营企业出口的影响：基于制度环境与融资约束的调节作用 [J]．国际贸易问题，2014（12）：114－124.

[55] 章泉．中国城市化进程对环境质量的影响——基于中国地级城市数据的实证检验 [J]．教学与研究，2009（3）：32－38.

[56] Acharya S. Reforming Value Added Tax System in Developing World: the Case of Nepal [J]. Business & Management Studies, 2016, 2 (2): 44－63.

[57] Adelman M. A. Concept and Statistical Measurement of Vertical Integration [M]. Princeton: Princeton University Press, 1955.

[58] Adhikari B. When Does Introducing a Value－Added Tax Increase Economic Efficiency? Evidence from the Synthetic Control Method [R]. Job Market Paper No. 1524, 2015.

[59] Andrew M., Laurence M. The Problems of Taxation-induced Inner-city Housing Development－Dublin's Recipe for Success [J]. Irish Geography, 1997, 30 (1): 31－36.

[60] Auerbach A. J., Hassett K. Tax Policy and Business Fixed Investment in the United States [J]. Journal of Public Economics, 1992, 47 (2): 141－170.

[61] Aw B. Y., Roberts M. J., Xu D. Y. R&D Investments, Exporting, and the Evolution of Firm Productivity [J]. The American Economic Review, 2008, 98 (2): 451－456.

[62] Ballard C. L., Scholz J. K., Shoven J. B. The Value-added Tax: A General Equilibrium Look at Its Efficiency and Incidence [M]. Chicago: University of Chicago Press, 1987.

[63] Bajracharya B., Cattell D., Khanjanasthiti I. Challenges and Opportunities to Develop a Smart City: a Case Study of Gold Coast, Australia [R].

Real CORP 2014: Plan it Smart, 2014.

[64] Banzhaf H. S., Lavery N. Can the Land Tax Help Curb Urban Sprawl? Evidence from Growth Patterns in Pennsylvania [J]. Journal of Urban Economics, 2010, 67 (2): 169 – 179.

[65] Baum – Snow N., Brandt L., Henderson J. V., et al. Roads, Railroads and Decentralization of Chinese Cities [R]. Working Paper, 2012.

[66] Belka M., Estrin S., Schaffer M. E., et al. Enterprise Adjustment in Poland: Evidence from A Survey of 200 Private, Privatised, and State-owned Firms [R]. Discussion Paper, No. 233, 1995.

[67] Berrigan D. Urban Sprawl and Health in the United States: Review of Challenges to Causal Inference and Updated Sprawl Index Data Release [C] // 142nd APHA Annual Meeting and Exposition (November 15 – November 19, 2014). APHA, 2014.

[68] Bird R. M., Mintz J. M., Wilson T. A. Coordinating Federal and Provincial Sales Taxes: Lessons from the Canadian Experience [J]. National Tax Journal, 2006, 59 (4): 889 – 903.

[69] Bird R. M., Smart M. VAT in a Federal System: Lessons from Canada [J]. Public Budgeting & Finance, 2014, 34 (4): 38 – 60.

[70] Blagrave P. An Analysis of the Impact of the Harmonized Sales Tax on Provincial Revenues in Atlantic Canada [J]. Canadian Public Policy, 2005, 31 (3): 319 – 331.

[71] Boeters S., Böhringer C., Büttner T., et al. Economic Effects of VAT Reforms in Germany [J]. Applied Economics, 2010, 42 (17): 2165 – 2182.

[72] Brueckner J. K., Kim H. A. Urban Sprawl and the Property Tax [J]. International Tax and Public Finance, 2003, 10 (1): 5 – 23.

[73] Buzzell R. D. Is Vertical Integration Profitable [J]. Harvard Business Review, 1983, 61 (1): 92 – 102.

[74] Bye B., Strøm B., Avitsland T. Welfare Effects of VAT Reforms: A General Equilibrium Analysis [J]. International Tax and Public Finance,

2012, 19 (3): 368 – 392.

[75] Canto J. G. D., González I. S. A Resource-based Analysis of the Factors Determining a Firm's R&D Activities [J]. Research Policy, 1999, 28 (8): 891 – 905.

[76] Carbonnier C. Who Pays Sales Taxes? Evidence from French VAT Reforms: 1987 ~ 1999 [J]. Journal of Public Economics, 2007, 91 (6): 1219 – 1229.

[77] Caves R. E., Bradburd R. M. The Empirical Determinants of Vertical Integration [J]. Journal of Economic Behavior & Organization, 1988, 9 (3): 265 – 279.

[78] Caves D. W., Christensen L. R., Diewert W. E. The Economic Theory of Index Numbers and the Measurement of Input, Output, and Productivity [J]. Econometrica: Journal of the Econometric Society, 1982, 50 (6): 1393 – 1414.

[79] Chandre P., Long C. VAT Rebates and Export Performance in China: Firm-level Evidence [J]. Journal of Public Economics, 2013, 102: 13 – 22.

[80] Chaney T., Ossa R. Market Size, Division of Labor, and Firm Productivity [J]. Journal of International Economics, 2013, 90 (1): 177 – 180.

[81] Chao C. C., Chou W. L., Yu E. S. H. Export Duty Rebates and Export Performance: Theory and China's Experience [J]. Journal of Comparative Economics, 2001, 29 (2): 314 – 326.

[82] Chao C. C., Yu E. S. H., Wusheng Y. U. China's Import Duty Drawback and VAT Rebate Policies: A General Equilibrium Analysis [J]. China Economic Review, 2006, 17 (4): 432 – 448.

[83] Charnes A., Cooper W. W., Rhodes E. Measuring the Efficiency of Decision Making Units [J]. European Journal of Operational Research, 1978, 2 (6): 429 – 444.

[84] Chen C. H., Mai C. C., Yu H. C. The Effect of Export Tax Rebates on Export Performance: Theory and Evidence from China [J]. China Economic

Review, 2006, 17 (2): 226 - 235.

[85] Chen X., Nordhaus W. D. The Value of Luminosity Data as a Proxy for Economic Statistics [R]. NBER Working Paper, No. 16317, 2010.

[86] Cui W. China's Business - Tax - To - Vat Reform: An Interim Assessment [J]. British Tax Review, 2014 (5): 617 - 641.

[87] Eckaus R. S. China's Exports, Subsidies to State-owned Enterprises and the WTO [J]. China Economic Review, 2006, 17 (1): 1 - 13.

[88] Elvidge C. D., Sutton P. C., Ghosh T., et al. A Global Poverty Map Derived from Satellite Data [J]. Remote Sensing, 2009, 35 (8): 418 - 444.

[89] Emini C. A. Long Run vs. Short Run Effects of a Value Added Tax: A Computable General Equilibrium Assessment for Cameroon [R]. Cahier de Recherche, Working Paper, No. 00 - 12, 2000.

[90] Ermini B., Santolini R. Urban Sprawl and Property Tax of a City's Core and Suburbs: Evidence from Italy [J]. Regional Studies, 2016: 1 - 13.

[91] Färe R., Grosskopf S. Productivity Growth, Technical Progress, and Efficiency Change in Industrialized Countries [J]. The American Economic Review, 1994, 84 (1): 66 - 83.

[92] Färe R., Grosskopf S., Lovell C. A. K. Production Frontiers [M]. Cambridge: Cambridge University Press, 1994.

[93] Ferede E., Dahlby B. The Impact of Tax Cuts on Economic Growth: Evidence from the Candian Provinces [J]. National Tax Journal, 2012, 65 (3): 563 - 594.

[94] Frensch R. Public Governance as the Source of Quality and Variety Gains from Transition [J]. Journal of Comparative Economics, 2004, 32 (3): 388 - 408.

[95] Friedl M. A., Mclver D. K., Hodges J. C. F., et al. Global Land Cover Mapping from MODIS: Algorithms and Early Results [J]. Remote Sensing of Environment, 2002, 83 (1): 287 - 302.

[96] Gallo K. P., Elvidge C. D., Yang L., et al. Trends in Night-time

City Lights and Vegetation Indices Associated with Urbanization within the Conterminous USA [J]. International Journal of Remote Sensing, 2004, 25 (10): 2003 – 2007.

[97] García – Enríquez J., Echevarría C. A. Consistent Estimation of a Censored Demand System and Welfare Analysis: The 2012 VAT Reform in Spain [J]. Journal of Agricultural Economics, 2016, 67 (2): 324 – 347.

[98] Gebauer A., Nam C. W., Parsche R. Can Reform Models of Value Added Taxation Stop the VAT Evasion and Revenue Shortfalls in the EU? [J]. Journal of Economic Policy Reform, 2007, 10 (1): 1 – 13.

[99] Girma S., Gong Y., Görg H., et al. Can Production Subsidies Explain China's Export Performance? Evidence from Firm-level Data [J]. The Scandinavian Journal of Economics, 2009, 111 (4): 863 – 891.

[100] Go D. S. An Analysis of South Africa's Value Added Tax [R]. World Bank Policy Research Working Paper, No. 3671, 2005.

[101] Gort M. Diversification and Integration in American Industry [R]. NBER Books, 1962.

[102] Gourdon J., Monjon S., Poncet S. Incomplete VAT Rebates to Exporters: How do They Affect China's Export Performance [R]. CEPII Working Paper, 2014.

[103] Gurko S. Federal Income Taxes and Urban Sprawl [J]. Denver Law Journal, 1971, 48: 329 – 388.

[104] Hall R. E. The Effects of Tax Reform on Prices and Asset Value. Tax Policy and the Economy, 1996 (10): 71 – 88.

[105] Hall R. E., Jones C. I. Why do Some Countries Produce So Much More Output per Worker than Others [R]. NBER Working Paper, No. 6564, 1999.

[106] Head K., Ries J. Heterogeneity and the FDI versus Export Decision of Japanese Manufacturers [J]. Journal of the Japanese and International Economies, 2003, 17 (4): 448 – 467.

[107] Heckman J. J., Ichimura H., Todd P. E. Matching as an Econometric Evaluation Estimator: Evidence from Evaluating a Job Training Programme [J]. The Review of Economic Studies, 1997, 64 (4): 605 - 654.

[108] Heckman J. J., Ichimura H., Todd P. Matching as an Econometric Evaluation Estimator [J]. The Review of Economic Studies, 1998, 65 (2): 261 - 294.

[109] Henderson J. V. Economic Theory and the Cities [M]. Academic Press, 1985.

[110] Henderson J. V., Storeygard A., Weil D. N. Measuring Economic Growth from Outer Space [J]. The American Economic Review, 2012, 102 (2): 994 - 1028.

[111] Higon D. A. The Impact of R&D Spillovers on UK Manufacturing TFP: A Dynamic Panel Approach [J]. Research Policy, 2007, 36 (7): 964 - 979.

[112] Hines Jr J., Desai M. A. Value - Added Taxes and International Trades: The Evidence [R]. Unpublished Manuscript, 2005.

[113] Hodler R., Raschky P. A. Regional Favoritism [J]. Quarterly Journal of Economics, 2014, 129: 995 - 1033.

[114] Ingraham A T., Singer H. J., Thibodeau T. G. Inter - City Competition for Retail Trade: Can Tax Increment Financing Generate Incremental Tax Receipts [J]. Social Science Electronic Publishing, 2005 (5): 1 - 15.

[115] Jacobs J., Ligthart J. E., Vrijburg H. Consumption Tax Competition among Governments: Evidence from the United States [J]. International Tax and Public Finance, 2010, 17 (3): 271 - 294.

[116] Javorcik B. S. Does Foreign Direct Investment Increase the Productivity of Domestic Firms? In Search of Spillovers through Backward Linkages [J]. The American Economic Review, 2004, 94 (3): 605 - 627.

[117] Jefferson G. H., Huamao B., Xiaojing G., et al. R&D Performance in Chinese Industry [J]. Economics of Innovation and New Technology, 2006, 15 (4 - 5): 345 - 366.

[118] Jenkins G. P. , Kuo C. Y. A VAT Revenue Simulation Model for Tax Reform in Developing Countries [J]. World Development, 2000, 28 (4): 763 – 774.

[119] Jorgenson D. W. Hall R. E. Tax Policy and Investment Behavior [J]. The American Economic Review, 1967, 57 (3): 391 – 414.

[120] Joshi M. , Cahill D. , Sidhu J. , et al. Intellectual Capital and Financial Performance: an Evaluation of the Australian Financial Sector [J]. Journal of Intellectual Capital, 2013, 14 (2): 264 – 285.

[121] Kamath G. B. The Intellectual Capital Performance of the Indian Banking Sector [J]. Journal of Intellectual Capital, 2007, 8 (1): 96 – 123.

[122] Kesselman J. R. Consumer Impacts of BC's Harmonized Sales Tax: Tax Grab or Pass-through [J]. Canadian Public Policy, 2011, 37 (2): 139 – 162.

[123] Li J. Property Tax Reform and Urban Sprawl – Evidence from Provincial Data in China [C] //2014 International Conference on Management Science & Engineering 21th Annual Conference Proceedings. IEEE, 2014: 2061 – 2066.

[124] Lin J. Y. , Cai F. , Li Z. Competition, Policy Burdens, and State-owned Enterprise Reform [J]. The American Economic Review, 1998, 88 (2): 422 – 427.

[125] Li X. , Chen X. , Zhao Y. , et al. Automatic Intercalibration of Night-time Light Imagery Using Robust Regression [J]. Remote Sensing Letters, 2013, 4 (1): 45 – 54.

[126] Li P. , Lu Y. , Wang J. Does Flattening Government Improve Economic Performance? Evidence from China [J]. Journal of Development Economics, 2016, 123: 18 – 37.

[127] Li Z. , Yu M. Exports, Productivity, and Credit Constraints: a Firm – Level Empirical Investigation of China [R]. CCER Working Paper, No. E2009005, 2009.

[128] Lin S., Ma A. C. Outsourcing and Productivity: Evidence from Korean Data [J]. Journal of Asian Economics, 2012, 23 (1): 39 -49.

[129] Liu Z., He C., Zhang Q., et al. Extracting the Dynamics of Urban Expansion in China Using DMSP - OLS Nighttime Light Data from 1992 to 2008 [J]. Landscape and Urban Planning, 2012, 106 (1): 62 -72.

[130] Liu L., Lockwood B. Efficiency and Welfare Costs of VAT: Evidence from VAT Notches [R]. Policy Paper Series, 2015.

[131] Loveland T. R., Reed B. C., Brown J. F., et al. Development of a Global Land Cover Characteristics Database and IGBP Discover from 1km AVHRR Data [J]. International Journal of Remote Sensing, 2000, 21 (6 -7): 1303 -1330.

[132] Liu J., Zhang Z., Xu X., et al. Spatial Patterns and Driving Forces of Land Use Change in China in the Early 21st Century [J]. Acta Geographica Sinica, 2009, 64 (12): 1411 -1420.

[133] Lu D., Tian H., Zhou G., Ge H. Regional Mapping of Human Settlements in Southeastern China with Multi-sensor Remotely Sensed Data [J]. Remote Sensing of Environment, 2008, 112 (9): 3668 -3679.

[134] Luce T. F. Reclaiming the Intent: Tax Increment Finance in the Kansas City and St. Louis Metropolitan Areas [M]. Washington D. C: The Brookings Institution, 2003.

[135] Keen M., Lockwood B. The Value Added Tax: Its Causes and Consequences [J]. Journal of Development Economics, 2010, 92 (2): 138 -151.

[136] Keen M., Mintz J. The Optimal Threshold for a Value-added Tax [J]. Journal of Public Economics, 2004, 88 (3): 559 -576.

[137] Maddigan R. J. The Measurement of Vertical Integration [J]. The Review of Economics and Statistics, 1981, 63 (3): 328 -335.

[138] Mairesse J., Griliches Z. Heterogeneity in Panel Data: are There Stable Production Functions [R]. NBER Working Paper, No. 2619, 1988.

［139］ Malmquist S. Index Numbers and Indifference Surfaces ［J］. Trabajos de Estadistica y de Investigacion Operativa, 1953, 4 (2): 209 -242.

［140］ Mansfield E., Switzer L. How Effective Are Canada's Direct Tax Incentives for R and D ［J］. Canadian Public Policy, 1985, 11 (2): 241 -246.

［141］ Matsuoka M., Hayasaka T., Fukushinma Y., et al. Land Cove in East Asia Classified Using Terra MODIS and DMSP/OLS Products. International Journal of Remote Sensing. 2007, 28 (1): 221 -248.

［142］ McFarlane A. Taxes, Fees, and Urban Development ［J］. Journal of Urban Economics, 1999, 46 (3): 416 -436.

［143］ McLure Jr. C. E. Coordinating State Sales Taxes with a Federal VAT: Opportunities, Risks, and Challenges ［J］. State Tax Notes, 2005, 36 (20): 907 -921.

［144］ Mertens K., Ravn M. O. The Dynamic Effects of Personal and Corporate Income Tax Changes in the United States ［J］. The American Economic Review, 2013, 103 (4): 1212 -1247.

［145］ Miceli T. J, Sirmans C. F. The Holdout Problem, Urban Sprawl, and Eminent Domain ［J］. Journal of Housing Economics, 2007, 16 (3 -4): 309 -319.

［146］ Michalopoulos S., Papaioannou E. Pre-colonial Ethnic Institutions and Contemporary African Development ［J］. Econometrica, 2013, 81 (1): 113 -152.

［147］ Morgan D. Consumption Tax Reform ［J］. Australian Tax Forum, 1991 (8): 49 -61.

［148］ Mundia C. N., Aniya M. Analysis of Land Use/cover Changes and Urban Expansion of Nairobi City Using Remote Sensing and GIS ［J］. International Journal of Remote Sensing, 2005, 26 (13): 2831 -2849.

［149］ Murrell D., Yu W. The Effect of the Harmonized Sales Tax on Consumer Prices in Atlantic Canada ［J］. Canadian Public Policy, 2000, 26 (4): 451 -460.

[150] Murphy J. A. D. The Impact of a Value-added Tax on the Cash Flow of Corporations (Doctoral Dissertation) [R]. Available from ProQuest Dissertations and Theses database, UMI Working Paper, No. 305044081, 1991.

[151] Naito T. Tariff and Tax Reform: Dynamic Implications [J]. Journal of International Economics, 2006, 68 (2): 504 -517.

[152] Nishiyama Y. Japanese Consumption Tax: Input Tax Deduction and Exemptions [J]. World Journal of VAT/GST Law, 2014, 3 (2): 124 -126.

[153] Oates W. E., Schwab R. M. The Impact of Urban Land Taxation: The Pittsburgh Experience [J]. National Tax Journal, 1997, 50 (1): 1 -21.

[154] Plassmann F., Tideman T. N. A Markov Chain Monte Carlo Analysis of the Effect of Two-rate Property Taxes on Construction [J]. Journal of Urban Economics, 2000, 47 (2): 216 -247.

[155] Poncet S. A Fragmented China: Measure and Determinants of Chinese Domestic Market Disintegration [J]. Review of International Economics, 2005, 13 (3): 409 -430.

[156] Poncet S., Steingress W., Vandenbussche H. Financial Constraints in China: Firm-level Evidence [J]. China Economic Review, 2010, 21 (3): 411 -422.

[157] Riahi - Belkaoui A. Intellectual Capital and Firm Performance of US Multinational Firms: a Study of the Resource-based and Stakeholder Views [J]. Journal of Intellectual capital, 2003, 4 (2): 215 -226.

[158] Roy P., Raychaudhur A., Sinha S. K. Is Value Added Tax (VAT) Reform in India Poverty Improving? An Analysis of Data from Five Major States [J]. Indian Economic Review, 2010, 45 (1): 131 -158.

[159] Salia H. The Effect of Value Added Tax on Corporate Cash Flow in Ghana [J]. International Journal of Business and Management, 2016, 11 (7): 303 -313.

[160] Schmitz J. A., Teixeira A. Privatization's Impact on Private Productivity: The Case of Brazilian Iron Ore [J]. Review of Economic Dynamics, 2008,

11 (4): 745 -760.

[161] Shi B. Z. Extensive Margin, Quantity and Price in China's Export Growth [J]. China Economic Review, 2011, 22 (2): 233 -243.

[162] Simon J., Clinton A. Successful Tax Reform: the Experience of Value Added Tax in the United Kingdom and Goods and Services Tax in New Zealand [R]. MPRA Paper No. 19858, 2010.

[163] Small C., Elvidge C. D., Balk D., et al. Spatial Scaling of Stable Night Lights [J]. Remote Sensing of Environment, 2011, 115 (2): 269 -280.

[164] Smart M. The Impact of Sales Tax Reform on Ontario Consumers: a First Look at the Evidence [R]. SPP Research Paper, No. 11 -3, 2011.

[165] Smart M., Bird R. M. The Impact on Investment of Replacing a Retail Sales Tax with a Value-added Tax: Evidence from Canadian experience [J]. National Tax Journal, 2009a, 62 (4): 591 -609.

[166] Smart M., Bird R. M. The Economic Incidence of Replacing a Retail Sales Tax with a Value- added Tax: Evidence from Canadian Experience [J]. Canadian Public Policy, 2009b, 35 (1): 85 -97.

[167] Song Y., Zenou Y. Property Tax and Urban Sprawl: Theory and Implications for US Cities [J]. Journal of Urban Economics, 2006, 60 (3): 519 -534.

[168] Sousa C. M. P., Martínez - López F. J., Coelho F. The Determinants of Export Performance: A Review of the Research in the Literature between 1998 and 2005 [J]. International Journal of Management Reviews, 2008, 10 (4): 343 -374.

[169] Stimmelmayr M. Investors' Portfolio Choice and Tax Reforms: the 2008 German Corporate Tax Reform Reconsidered [R]. CESifo Working Paper, No. 5311, 2015.

[170] Štuc S., Mazuūre G. Development of Immovable Property Tax in Latvia [J]. Proceedings of the Latvia University of Agriculture, 2013, 28

(1): 48 - 59.

[171] Tamaoka M. The Regressivity of a Value Added Tax: Tax Credit Method and Subtraction Method: A Japanese Case [J]. Fiscal Studies, 1994, 15 (2): 57 - 73.

[172] Ufier A. Quasi-experimental Analysis on the Effects of Adoption of a Value Added Tax [J]. Economic Inquiry, 2014, 52 (4): 1364 - 1379.

[173] Xing W. B., Whalley J. The Golden Tax Project, Value - Added Tax Statistics, and the Analysis of Internal Trade in China [J]. China Economic Review, 2014, 30: 448 - 458.

[174] Xu W., Zeng Y., Zhang J. Tax Enforcement as a Corporate Governance Mechanism: Empirical Evidence from China [J]. Corporate Governance: An International Review, 2011, 19 (1): 25 - 40.

[175] Yang C. H., Chen Y. H. R&D, Productivity, and Exports: Plant-level Evidence from Indonesia [J]. Economic Modelling, 2012, 29 (2): 208 - 216.

[176] Yi K., Tani H., Li Q., et al. Mapping and Evaluating the Urbanization Process in Northeast China using DMSP/OLS Nighttime Light Data [J]. Sensors, 2014, 14 (2): 3207 - 3226.

[177] Yin R. Study on the Problem of China's Business Tax Changes to VAT - based on the Panel Data of Listed Companies in the Transport Industry [J]. Open Journal of Social Sciences, 2015 (3): 157 - 164.

[178] Zhai F., He J. Supply-side Economics in the People's Republic of China's Regional Context: a Quantitative Investigation of its VAT Reform [J]. Asian Economic Papers, 2008, 7 (2): 96 - 121.

[179] Zhao H, Li H. R&D and Export: An Empirical Analysis of Chinese Manufacturing Firms [J]. The Journal of High Technology Management Research, 1997, 8 (1): 89 - 105.